기본 연산
Check-Book

초등4 4호

어림하기

❶

17	
보다 크거나 같은 수	16 ⑰ ⑱
이상인 수	

❷

20	
보다 큰 수	19 20 21
초과인 수	

❸

31	
보다 크거나 같은 수	30 31 32
이상인 수	

❹

40	
보다 큰 수	39 40 41
초과인 수	

❺

54	
보다 크거나 같은 수	53 54 55
이상인 수	

❻

76	
보다 큰 수	75 76 77
초과인 수	

❼

85	
보다 크거나 같은 수	84 85 86
이상인 수	

❽

37	
보다 큰 수	36 37 38
초과인 수	

⑨

24		
보다 작거나 같은 수	㉓ ㉔ 25	
이하인 수		

⑩

36		
보다 작은 수	35 36 37	
미만인 수		

⑪

46		
보다 작거나 같은 수	45 46 47	
이하인 수		

⑫

95		
보다 작은 수	94 95 96	
미만인 수		

⑬

74		
보다 작거나 같은 수	73 74 75	
이하인 수		

⑭

81		
보다 작은 수	80 81 82	
미만인 수		

⑮

15		
보다 작거나 같은 수	14 15 16	
이하인 수		

⑯

20		
보다 작은 수	19 20 21	
미만인 수		

자르는 선

2주 수직선과 범위

❶
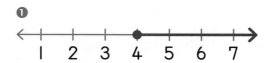

4 (이상 , 초과)인 수

❷

7 (이상 , 초과)인 수

❸
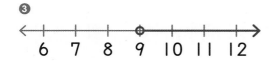

9 (이상 , 초과)인 수

❹

5 (이상 , 초과)인 수

❺
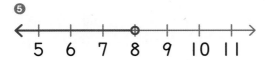

8 (이하 , 미만)인 수

❻

7 (이하 , 미만)인 수

❼
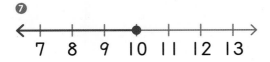

10 (이하 , 미만)인 수

❽
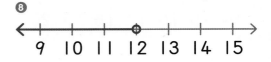

12 (이하 , 미만)인 수

자르는 선

⑨

12 (⟨이상⟩ , 이하 , 미만 , 초과)인 수

⑩

20 (이상 , 이하 , 미만 , 초과)인 수

⑪
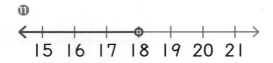

18 (이상 , 이하 , 미만 , 초과)인 수

⑫
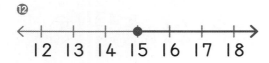

15 (이상 , 이하 , 미만 , 초과)인 수

⑬
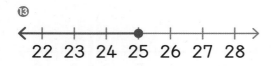

25 (이상 , 이하 , 미만 , 초과)인 수

⑭
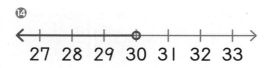

30 (이상 , 이하 , 미만 , 초과)인 수

⑮
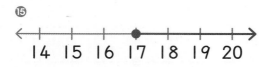

17 (이상 , 이하 , 미만 , 초과)인 수

⑯
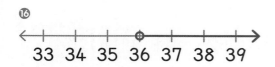

36 (이상 , 이하 , 미만 , 초과)인 수

자르는 선

수의 범위

① 15 이상 18 이하

15 16 17 18

② 20 초과 27 미만

③ 36 이상 42 미만

④ 31 초과 37 이하

⑤ 7 이상 10 이하

⑥ 16 초과 21 미만

⑦ 79 이상 84 미만

⑧ 87 초과 91 이하

⑨ 23 이상 27 이하

⑩ 65 초과 70 미만

자르는 선

⑪ 125 이상 128 이하

⑫ 131 초과 137 미만

⑬ 140 초과 146 이하

⑭ 236 이상 242 미만

⑮ 337 이상 340 미만

⑯ 198 초과 202 이하

⑰ 201 초과 205 미만

⑱ 417 이상 420 이하

⑲ 220 초과 224 미만

⑳ 300 초과 304 이하

자르는 선

올림과 버림 (1)

❶ 올림하여 십의 자리까지 나타내면

713 → 720

284 →

824 →

917 →

156 →

❷ 버림하여 십의 자리까지 나타내면

324 →

159 →

372 →

814 →

627 →

❸ 올림하여 백의 자리까지 나타내면

713 →

291 →

779 →

365 →

867 →

❹ 버림하여 백의 자리까지 나타내면

592 →

315 →

244 →

763 →

871 →

월 일

⑤ 올림하여 십의 자리까지 나타내면

1237 → 1240

3569 →

7633 →

2786 →

9549 →

⑥ 버림하여 십의 자리까지 나타내면

8735 →

4535 →

3355 →

7177 →

4145 →

⑦ 올림하여 백의 자리까지 나타내면

9418 →

2794 →

8902 →

6143 →

8861 →

⑧ 버림하여 백의 자리까지 나타내면

6578 →

3294 →

2775 →

3458 →

2668 →

자르는 선

올림과 버림 (2)

❶

715	올림	버림
십의 자리 까지	720	710
백의 자리 까지	800	700

❷

623	올림	버림
십의 자리 까지		
백의 자리 까지		

❸

594	올림	버림
십의 자리 까지		
백의 자리 까지		

❹

815	올림	버림
십의 자리 까지		
백의 자리 까지		

❺

735	올림	버림
십의 자리 까지		
백의 자리 까지		

❻

287	올림	버림
십의 자리 까지		
백의 자리 까지		

❼

325	올림	버림
십의 자리 까지		
백의 자리 까지		

❽

418	올림	버림
십의 자리 까지		
백의 자리 까지		

⑨

6745	올림	버림
십의 자리 까지		
백의 자리 까지		
천의 자리 까지		

⑩

8249	올림	버림
십의 자리 까지		
백의 자리 까지		
천의 자리 까지		

⑪

6373	올림	버림
십의 자리 까지		
백의 자리 까지		
천의 자리 까지		

⑫

4729	올림	버림
십의 자리 까지		
백의 자리 까지		
천의 자리 까지		

⑬

1235	올림	버림
십의 자리 까지		
백의 자리 까지		
천의 자리 까지		

⑭

7756	올림	버림
십의 자리 까지		
백의 자리 까지		
천의 자리 까지		

자르는 선

반올림

① 반올림하여
십의 자리까지 나타내면

70 → 70

71 → ☐

72 → ☐

73 → ☐

74 → ☐

75 → ☐

76 → ☐

77 → ☐

78 → ☐

79 → ☐

② 반올림하여
십의 자리까지 나타내면

120 → ☐

121 → ☐

122 → ☐

123 → ☐

124 → ☐

125 → ☐

126 → ☐

127 → ☐

128 → ☐

129 → ☐

❸

반올림하여 백의 자리까지 나타내면	
200 →	
210 →	
220 →	
230 →	
240 →	
249 →	
250 →	
260 →	
270 →	
280 →	
290 →	
299 →	

❹

반올림하여 백의 자리까지 나타내면	
1400 →	
1410 →	
1420 →	
1430 →	
1440 →	
1449 →	
1450 →	
1460 →	
1470 →	
1480 →	
1490 →	
1499 →	

7주 어떤 수의 범위

❶

| 31 | 32 | 33 | 34 | 35 | 36 | 37 | 38 | 39 | 40 |

올림하여 십의 자리 까지 → **40**

❷

| | | | | | | | | | |

반올림하여 십의 자리 까지 → **50**

❸

| | | | | | | | | | |

버림하여 십의 자리 까지 → **70**

❹

| | | | | | | | | | |

올림하여 십의 자리 까지 → **80**

❺

| | | | | | | | | | |

반올림하여 십의 자리 까지 → **60**

❻

| | | | | | | | | | |

버림하여 십의 자리 까지 → **90**

❼

| | | | | | | | | | |

올림하여 십의 자리 까지 → **30**

⑧

| 101 | 102 | 103 | ⋯ | 198 | 199 | 200 | 올림하여 백의 자리 까지 → **200** |

⑨

반올림하여 백의 자리 까지 → **300**

⑩

버림하여 백의 자리 까지 → **500**

⑪

올림하여 백의 자리 까지 → **700**

⑫

반올림하여 백의 자리 까지 → **400**

⑬

버림하여 백의 자리 까지 → **600**

⑭

올림하여 백의 자리 까지 → **800**

①

25 이상 35 미만인 수	
반올림	십의 자리까지
30	

②

150 초과 160 이하인 수	
올림	십의 자리까지
160	

③

90 이상 100 미만인 수	
버림	십의 자리까지

④

65 이상 75 미만인 수	
반올림	십의 자리까지

⑤

210 초과 220 이하인 수	
올림	십의 자리까지

⑥

510 초과 520 미만인 수	
버림	십의 자리까지

⑦

130 초과 140 이하인 수	
올림	십의 자리까지

⑧

155 이상 165 미만인 수	
반올림	십의 자리까지

⑨

270 이상 280 미만인 수	
버림	십의 자리까지

⑩

70 초과 80 이하인 수	
올림	십의 자리까지

⑪

150 이상 250 미만인 수	
반올림	백의 자리까지

⑫

2500 초과 2600 이하인 수	
올림	백의 자리까지

⑬

900 이상 1000 미만인 수	
버림	백의 자리까지

⑭

850 이상 950 미만인 수	
반올림	백의 자리까지

⑮

3100 초과 3200 이하인 수	
올림	백의 자리까지

⑯

2300 이상 2400 미만인 수	
버림	백의 자리까지

⑰

1500 초과 1600 이하인 수	
올림	백의 자리까지

⑱

1250 이상 1350 미만인 수	
반올림	백의 자리까지

⑲

800 이상 900 미만인 수	
버림	백의 자리까지

⑳

1700 초과 1800 이하인 수	
올림	백의 자리까지

자르는 선

정 답

1주 이상 이하 초과 미만　　　1~2쪽

❶ 17, 18　❷ 21　❸ 31, 32　❹ 41　❺ 54, 55　❻ 77　❼ 85, 86　❽ 38
❾ 23, 24　❿ 35　⓫ 45, 46　⓬ 94　⓭ 73, 74　⓮ 80　⓯ 14, 15　⓰ 19

2주 수직선과 범위　　　3~4쪽

❶ 이상　❷ 초과　❸ 초과　❹ 이상　❺ 미만　❻ 이하　❼ 이하　❽ 미만　❾ 이상　❿ 초과
⓫ 미만　⓬ 이상　⓭ 이하　⓮ 미만　⓯ 이상　⓰ 초과

3주 수의 범위　　　5~6쪽

❶ 15, 16, 17, 18　❷ 21, 22, 23, 24, 25, 26　❸ 36, 37, 38, 39, 40, 41
❹ 32, 33, 34, 35, 36, 37　❺ 7, 8, 9, 10　❻ 17, 18, 19, 20
❼ 79, 80, 81, 82, 83　❽ 88, 89, 90, 91　❾ 23, 24, 25, 26, 27
❿ 66, 67, 68, 69　⓫ 125, 126, 127, 128　⓬ 132, 133, 134, 135, 136
⓭ 141, 142, 143, 144, 145, 146　⓮ 236, 237, 238, 239, 240, 241
⓯ 337, 338, 339　⓰ 199, 200, 201, 202　⓱ 202, 203, 204
⓲ 417, 418, 419, 420　⓳ 221, 222, 223　⓴ 301, 302, 303, 304

4주 올림과 버림 (1)　　　7~8쪽

❶ 720, 290, 830, 920, 160　　　❷ 320, 150, 370, 810, 620
❸ 800, 300, 800, 400, 900　　　❹ 500, 300, 200, 700, 800
❺ 1240, 3570, 7640, 2790, 9550　　　❻ 8730, 4530, 3350, 7170, 4140
❼ 9500, 2800, 9000, 6200, 8900　　　❽ 6500, 3200, 2700, 3400, 2600

5주 올림과 버림 (2)　　　9~10쪽

❶ 720, 710, 800, 700　　　❷ 630, 620, 700, 600　　　❸ 600, 590, 600, 500
❹ 820, 810, 900, 800　　　❺ 740, 730, 800, 700　　　❻ 290, 280, 300, 200
❼ 330, 320, 400, 300　　　❽ 420, 410, 500, 400
❾ 6750, 6740, 6800, 6700, 7000, 6000　　　❿ 8250, 8240, 8300, 8200, 9000, 8000
⓫ 6380, 6370, 6400, 6300, 7000, 6000　　　⓬ 4730, 4720, 4800, 4700, 5000, 4000
⓭ 1240, 1230, 1300, 1200, 2000, 1000　　　⓮ 7760, 7750, 7800, 7700, 8000, 7000

6주 반올림　　　11~12쪽

❶ 70, 70, 70, 70, 70, 80, 80, 80, 80, 80
❷ 120, 120, 120, 120, 120, 130, 130, 130, 130, 130
❸ 200, 200, 200, 200, 200, 200, 300, 300, 300, 300, 300, 300
❹ 1400, 1400, 1400, 1400, 1400, 1400, 1500, 1500, 1500, 1500, 1500, 1500

7주 어떤 수의 범위　　　13~14쪽

❶ 31, 32, 33, 34, 35, 36, 37, 38, 39, 40　　　❷ 45, 46, 47, 48, 49, 50, 51, 52, 53, 54
❸ 70, 71, 72, 73, 74, 75, 76, 77, 78, 79　　　❹ 71, 72, 73, 74, 75, 76, 77, 78, 79, 80
❺ 55, 56, 57, 58, 59, 60, 61, 62, 63, 64　　　❻ 90, 91, 92, 93, 94, 95, 96, 97, 98, 99
❼ 21, 22, 23, 24, 25, 26, 27, 28, 29, 30　　　❽ 101, 102, 103, 198, 199, 200
❾ 250, 251, 252, 347, 348, 349　　　❿ 500, 501, 502, 597, 598, 599
⓫ 601, 602, 603, 698, 699, 700　　　⓬ 350, 351, 352, 447, 448, 449
⓭ 600, 601, 602, 697, 698, 699　　　⓮ 701, 702, 703, 798, 799, 800

8주 어림하기의 활용　　　15~16쪽

❶ 30　❷ 160　❸ 90　❹ 70　❺ 220　❻ 510　❼ 140　❽ 160　❾ 270　❿ 80
⓫ 200　⓬ 2600　⓭ 900　⓮ 900　⓯ 3200　⓰ 2300　⓱ 1600　⓲ 1300　⓳ 800　⓴ 1800

사고셈

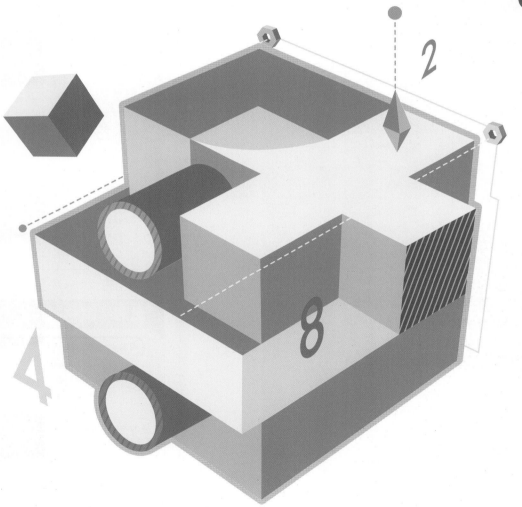

이 책의 구성과 특징

생각의 힘을 키우는 사고(思考)셈은 1주 4개, 8주 32개의 사고력 유형 학습을 통해 수와 연산에 대한 개념의 응용력(추론 및 문제해결능력)을 키울 수 있도록 하였습니다.

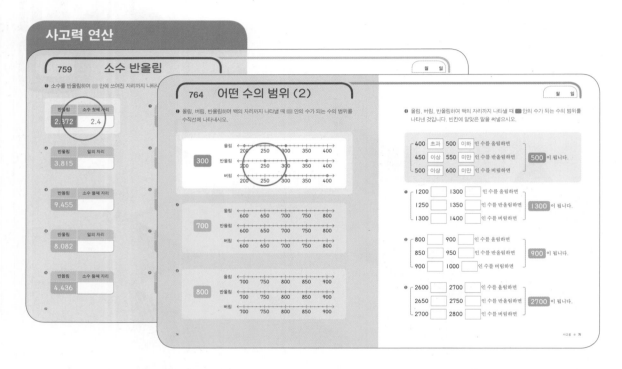

♦ 대표 사고력 유형으로 연산 원리를 쉽게쉽게
♦ 1~4일차: 다양한 유형의 주 진도 학습

♦ 5일차 점검 학습: 주 진도 학습 확인

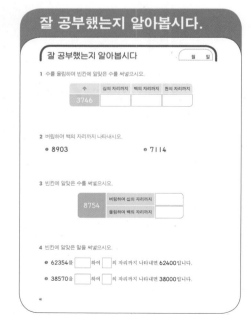

권두부록 (기본연산 Check-Book)

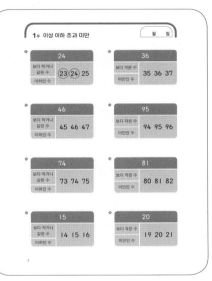

♣ 본 학습 전 기본연산 실력 진단

권말부록 (G-Book)

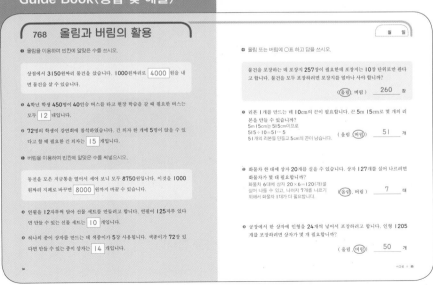

♣ 문제와 답을 한 눈에!

♣ 상세한 풀이와 친절한 해설, 답

학습 효과 및 활용법

학습 효과

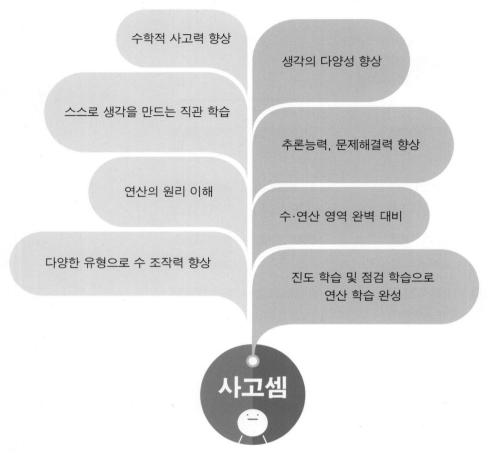

- 수학적 사고력 향상
- 스스로 생각을 만드는 직관 학습
- 연산의 원리 이해
- 다양한 유형으로 수 조작력 향상
- 생각의 다양성 향상
- 추론능력, 문제해결력 향상
- 수·연산 영역 완벽 대비
- 진도 학습 및 점검 학습으로 연산 학습 완성

사고셈

주차별 활용법

1단계 기본연산 Check-Book으로 준비 학습

→

2단계 사고력 유형으로 진도 학습

→

3단계 마무리 문제로 점검 학습

1단계 : 기본연산 Check-Book으로 사고력 연산을 위한 준비 학습을 합니다.
2단계 : 사고력 유형으로 사고력 연산의 진도 학습을 합니다.
3단계 : 한 주마다 점검 학습(잘 공부했는지 알아봅시다)으로 사고력 향상을 확인합니다.

학습 구성

6세

1호	10까지의 수
2호	더하기 빼기 1과 2
3호	합이 9까지인 덧셈
4호	한 자리 수의 뺄셈과 세 수의 계산

7세

1호	한 자리 수의 덧셈과 뺄셈
2호	10 만들기
3호	50까지의 수
4호	더하기 빼기 1과 2, 10과 20

초등 1

1호	덧셈구구
2호	뺄셈구구와 덧셈, 뺄셈 혼합
3호	100까지의 수, 1000까지의 수
4호	받아올림, 받아내림 없는 두 자리 수의 계산

초등 2

1호	두 자리 수와 한 자리 수의 덧셈과 뺄셈
2호	두 자리 수의 덧셈과 뺄셈
3호	곱셈구구
4호	곱셈과 나눗셈 구구

초등 3

1호	세·네 자리 수의 덧셈과 뺄셈5
2호	분수와 소수의 기초
3호	두 자리 수의 곱셈과 나눗셈
4호	분수

초등 4

1호	분수의 덧셈과 뺄셈
2호	혼합 계산
3호	소수의 덧셈과 뺄셈
4호	어림하기

이 책의 **학습 로드맵**

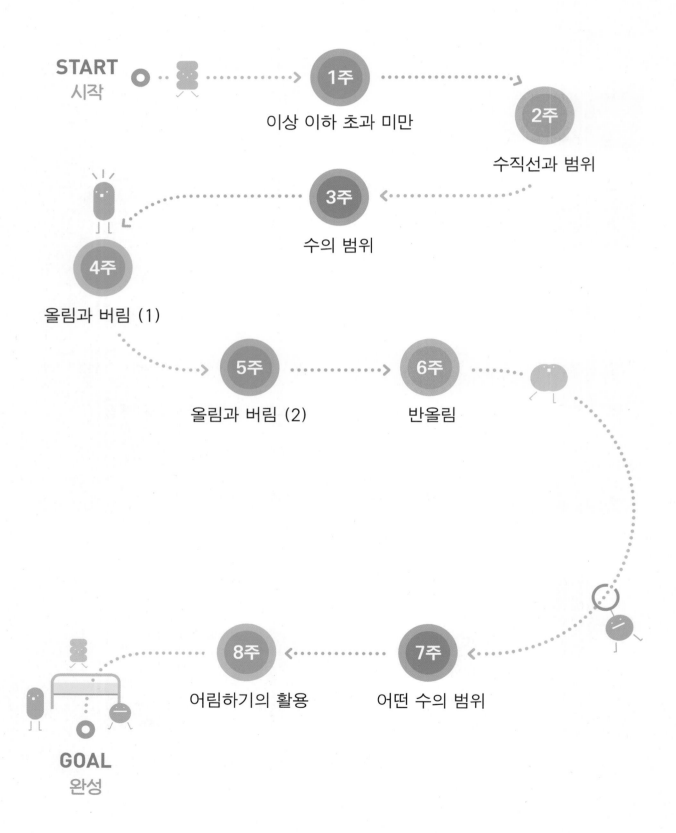

START
시작

1주
이상 이하 초과 미만

2주
수직선과 범위

3주
수의 범위

4주
올림과 버림 (1)

5주
올림과 버림 (2)

6주
반올림

7주
어떤 수의 범위

8주
어림하기의 활용

GOAL
완성

1 이상 이하 초과 미만

737 이상과 이하

◐ ■보다 크거나 같은 수를 ■ 이상인 수라 합니다. ▭ 안의 수보다 크거나 같은 수에 ○표 하시오.

15	5 13 14.9 (15) (15.2) (16) (25)

❶

76	36 60 60.9 76 76.1 82 103

❷

224	94 127 219.8 224 227 235.2

◐ ●보다 작거나 같은 수를 ● 이하인 수라 합니다. ▭ 안의 수보다 작거나 같은 수에 ○표 하시오.

83	(51) (71.3) (80) (83) 87.5 92 131

❸

100	11 98 100 102.4 121 181 294

❹

273	89 198 271.2 273 280 321 400.3

✛ 알맞은 수에 ◯표 하시오.

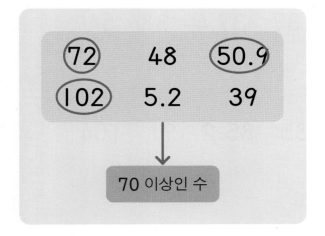

⓪

| 72 | 48 | 50.9 |
| 102 | 5.2 | 39 |

↓

70 이상인 수

❶

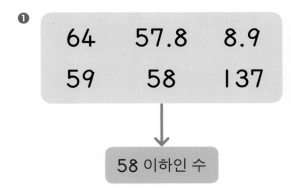

| 64 | 57.8 | 8.9 |
| 59 | 58 | 137 |

↓

58 이하인 수

❷

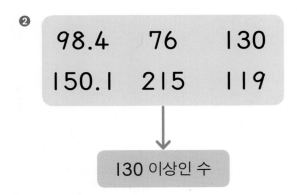

| 98.4 | 76 | 130 |
| 150.1 | 215 | 119 |

↓

130 이상인 수

❸

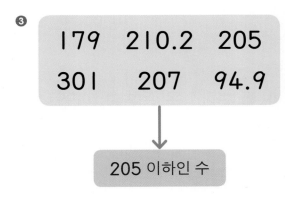

| 179 | 210.2 | 205 |
| 301 | 207 | 94.9 |

↓

205 이하인 수

❹

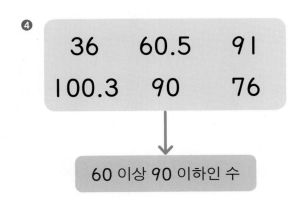

| 36 | 60.5 | 91 |
| 100.3 | 90 | 76 |

↓

60 이상 90 이하인 수

❺

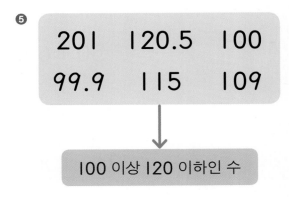

| 201 | 120.5 | 100 |
| 99.9 | 115 | 109 |

↓

100 이상 120 이하인 수

738 초과와 미만

● ■보다 큰 수를 ■ 초과인 수라 합니다. ▨ 안의 수보다 큰 수에 ◯표 하시오.

37 — 29　30.8　32　37　(37.4)　(38)　(54)

❶ 85 — 67　80.7　84　85　85.2　91　104

❷ 135 — 110　132　134.9　135.6　140　160

● ●보다 작은 수를 ● 미만인 수라 합니다. ▨ 안의 수보다 작은 수에 ◯표 하시오.

2.4 — (0.1)　(1.5)　(2)　2.4　3　7　20

❸ 71 — 50　69　70.3　71　75　80.4　91

❹ 120 — 91　100.5　114　120　121　132　140

❖ 알맞은 수에 ○표 하시오.

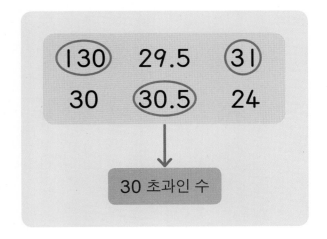

⓵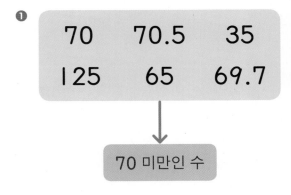

⓶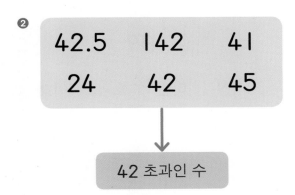

⓷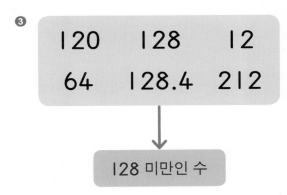

⓸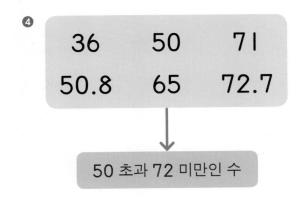

⓹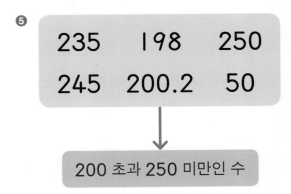

낙하산

● 관계있는 것끼리 선으로 이으시오.

⊕ 관계있는 것끼리 선으로 이으시오.

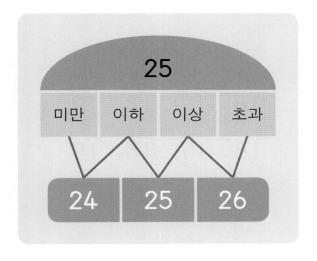

❶

❷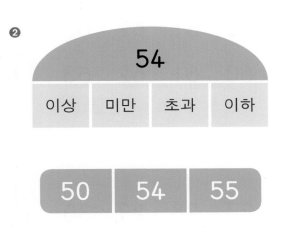

❸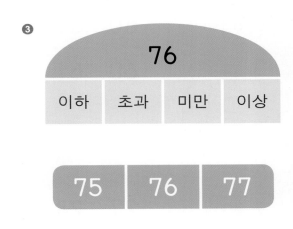

❹

❺

740 매트릭스

범위를 만족하는 수에 모두 ○표 하시오.

	16 이상				16 초과			
19 이하	⑯	⑰	⑱	⑲	16	⑰	⑱	⑲
19 미만	⑯	⑰	⑱	19	16	⑰	⑱	19

❶

	60 초과				60 이상			
63 이하	60	61	62	63	60	61	62	63
63 미만	60	61	62	63	60	61	62	63

❷

	27 이상				27 초과			
30 미만	27	28	29	30	27	28	29	30
30 이하	27	28	29	30	27	28	29	30

❸

	152 초과				152 이상			
155 미만	152	153	154	155	152	153	154	155
155 이하	152	153	154	155	152	153	154	155

✦ 빈칸에 알맞은 자연수를 모두 써넣으시오.

	70 이상	70 초과
73 미만	70 71 72	71 72
73 이하	70 71 72 73	71 72 73

❶

	39 이상	39 초과
42 이하		
42 미만		

❷

	84 초과	84 이상
87 미만		
87 이하		

❸

	119 초과	119 이상
122 이하		
122 미만		

1 수를 보고 물음에 답하시오.

| 16.35 | 15.02 | 16 | 18 | 7 |
| 17 | 13.9 | 19 | 8 | 15 |

❶ 17 이상인 수를 모두 찾아 쓰시오.

❷ 15 초과 18 미만인 수를 모두 찾아 쓰시오.

❸ 16 이하인 수는 모두 몇 개입니까?

2 ( ) 안에 ○표 또는 ×를 알맞게 써넣으시오.

❶ 62는 62 미만인 수입니다.　　　　　　　　　　　　　(　　)

❷ 25, 26, 27 중에서 26 초과인 수는 27입니다.　　　　(　　)

❸ 15, 16, 17 중에서 16 이하인 수는 15뿐입니다.　　　(　　)

3 다음 수를 모두 더하면 얼마입니까?

7 초과 12 이하인 자연수

2 수직선과 범위

범위 안의 수

● ○ 안의 수를 보고 빈칸에 알맞은 수를 써넣으시오.

11 **12 13 14 15** 16

| 12 | 이상 | 15 | 이하인 수 |

❶ 27 28 **29 30** 31 32

| ☐ | 초과 | ☐ | 미만인 수 |

❷ 7 **8 9 10** 11 12

| ☐ | 이상 | ☐ | 미만인 수 |

❸ 71 72 **73 74** 75 76

| ☐ | 초과 | ☐ | 이하인 수 |

❹ 45 **46 47 48** 49 50

| ☐ | 초과 | ☐ | 미만인 수 |

❺ 38 39 **40 41 42** 43

| ☐ | 이상 | ☐ | 이하인 수 |

❻ 52 **53 54 55 56** 57

| ☐ | 이상 | ☐ | 미만인 수 |

❼ 81 **82 83 84** 85 86

| ☐ | 초과 | ☐ | 이하인 수 |

● ○ 안의 수를 보고 빈칸에 알맞은 수를 써넣으시오.

37 38 39 40 41 42

38 이상 41 미만 인 수

❶ 59 60 61 62 63 64

60 ☐ 63 ☐ 인 수

❷ 4 5 6 7 8 9

5 ☐ 8 ☐ 인 수

❸ 16 17 18 19 20 21

17 ☐ 20 ☐ 인 수

❹ 8 9 10 11 12 13

9 ☐ 13 ☐ 인 수

❺ 65 66 67 68 69 70

66 ☐ 70 ☐ 인 수

❻ 35 36 37 38 39 40

36 ☐ 38 ☐ 인 수

❼ 73 74 75 76 77 78

74 ☐ 76 ☐ 인 수

선 연결하기

● 관계있는 것끼리 선으로 이으시오.

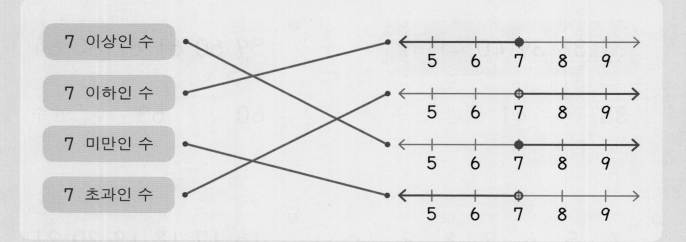

①

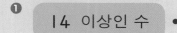

14 이상인 수 •

14 이하인 수 •

14 미만인 수 •

14 초과인 수 •

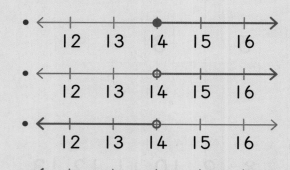

②

30 이상인 수 •

30 이하인 수 •

30 미만인 수 •

30 초과인 수 •

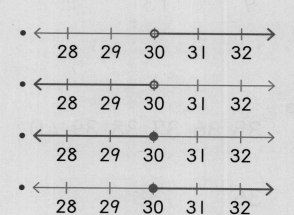

✛ 관계있는 것끼리 선으로 이으시오.

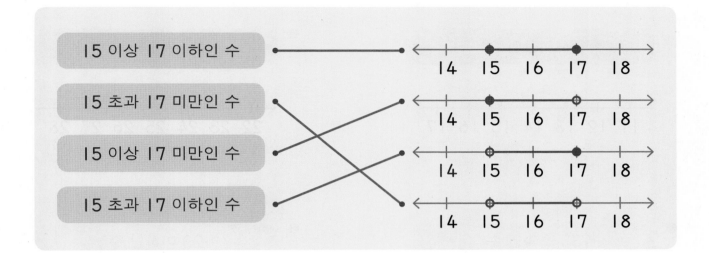

❶

120 이상 122 이하인 수 •

120 초과 122 이하인 수 •

120 이상 122 미만인 수 •

120 초과 122 미만인 수 •

• 119 120 121 122 123

• 119 120 121 122 123

• 119 120 121 122 123

• 119 120 121 122 123

❷

212 초과 214 이하인 수 •

212 초과 214 미만인 수 •

212 이상 214 미만인 수 •

212 이상 214 이하인 수 •

• 211 212 213 214 215

• 211 212 213 214 215

• 211 212 213 214 215

• 211 212 213 214 215

수직선 범위

◑ 수의 범위를 수직선에 나타내시오.

14 이상인 수

11 12 13 14 15 16 17

❶ 25 미만인 수

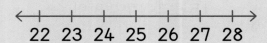

22 23 24 25 26 27 28

❷ 35 초과인 수

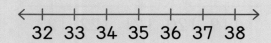

32 33 34 35 36 37 38

❸ 23 이하인 수

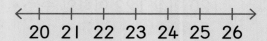

20 21 22 23 24 25 26

❹ 16 이상 20 미만인 수

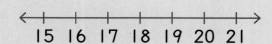

15 16 17 18 19 20 21

❺ 8 초과 12 이하인 수

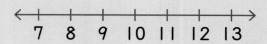

7 8 9 10 11 12 13

❻ 27 이상 31 이하인 수

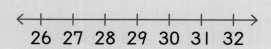

26 27 28 29 30 31 32

❼ 10 초과 14 미만인 수

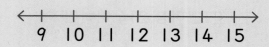

9 10 11 12 13 14 15

수직선에 나타낸 수의 범위를 쓰시오.

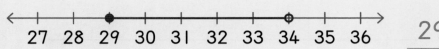

29 이상 34 미만인 수

❶

❷

❸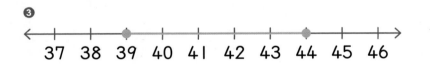

❹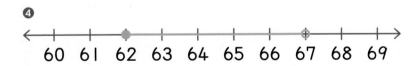

❺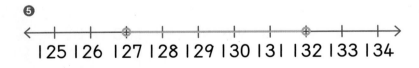

❻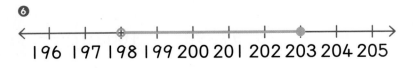

겹치는 부분

● 겹치는 부분을 구하여 수직선에 나타내고 수의 범위를 쓰시오.

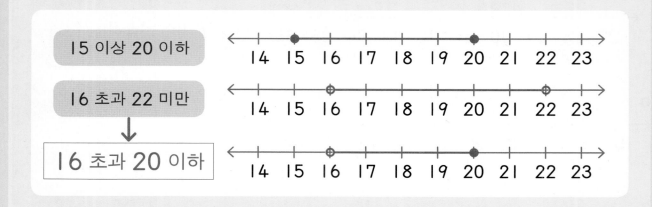

15 이상 20 이하

16 초과 22 미만

↓

16 초과 20 이하

❶

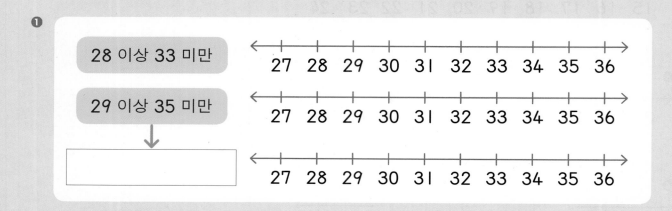

28 이상 33 미만

29 이상 35 미만

↓

❷

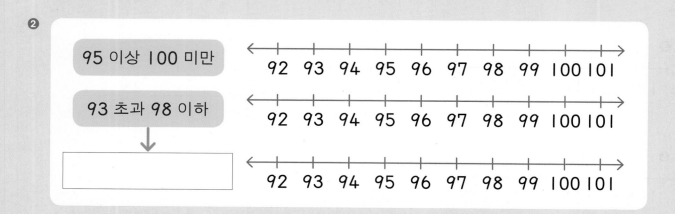

95 이상 100 미만

93 초과 98 이하

↓

✛ 겹치는 부분의 수의 범위를 쓰시오.

37 초과 50 미만

26 이상 45 이하

↓

37 초과 45 이하

❶
22 이상 36 미만

26 초과 40 이하

↓

❷
125 초과 150 이하

132 이상 162 미만

↓

❸
157 이상 190 이하

136 초과 180 미만

↓

❹
77 이상 98 미만

79 초과 95 이하

↓

❺
123 초과 150 미만

110 이상 151 이하

↓

❻
72 이상 89 이하

80 이상 90 미만

↓

❼
105 초과 130 미만

110 초과 140 이하

↓

잘 공부했는지 알아봅시다

1 수의 범위를 수직선에 나타내시오.

❶ 11 초과인 수

```
←─┼──┼──┼──┼──┼──┼──┼─→
  8  9  10 11 12 13 14
```

❷ 15 이하인 수

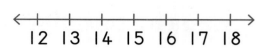
```
←─┼──┼──┼──┼──┼──┼──┼─→
  12 13 14 15 16 17 18
```

❸ 25 이상 32 미만인 수

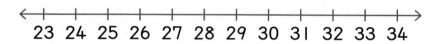
```
←─┼──┼──┼──┼──┼──┼──┼──┼──┼──┼──┼─→
  23 24 25 26 27 28 29 30 31 32 33 34
```

2 수직선 위에 나타낸 수의 범위를 쓰시오.

❶
```
←─┼──┼──┼──●──┼──┼──┼─→
  22 23 24 25 26 27 28
```

❷
```
←─┼──┼──◈──┼──┼──┼──┼──┼──●──┼──┼─→
  14 15 16 17 18 19 20 21 22 23 24 25
```

3 다음 수의 범위를 수직선에 나타내었을 때 겹치는 부분의 수의 범위를 쓰시오.

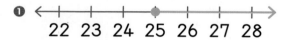

| 59 이상 75 미만인 수 |
| 65 초과 84 미만인 수 |

3 수의 범위

숫자 카드와 범위

◑ 숫자 카드를 한 번씩 사용하여 만들 수 있는 두 자리 수를 모두 쓰고 범위에 맞는
수에 ◯표 하시오.

30 이상 70 이하

23 27 ㉜ ㊲ 72 73

❶

48 초과 84 미만

❷

80 초과

❸

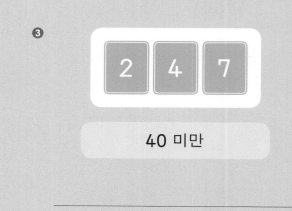

40 미만

❹

65 이상 75 미만

❺

35 초과 53 이하

✤ 숫자 카드를 한 번씩 사용하여 만들 수 있는 두 자리 수 중에서 범위에 맞는 수를 모두 쓰시오.

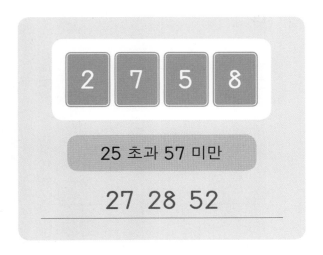

25 초과 57 미만

27 28 52

❶

30 이상 60 이하

❷

40 미만

❸

50 초과

❹

65 이상 75 이하

❺

85 이상 95 미만

범위를 나타내는 말

● 밑줄 친 말을 수의 범위를 나타내는 말로 바꾸어 나타내시오.

놀이기구를 타려면 키가 130cm보다 커야 합니다.

130cm 초과

❶ 이 프로그램은 7세부터 볼 수 있습니다.

_____

❷ 이 엘레베이터는 15명까지 탈 수 있습니다.

_____

❸ 투표를 할 수 있는 나이는 19세부터입니다.

_____

❹ 이 관광버스는 정원이 45명입니다.

_____

❺ 19세보다 적은 나이의 청소년에게는 술과 담배를 팔지 않습니다.

_____

❻ 이 다리는 무게가 5000kg보다 무거운 자동차는 통과할 수 없습니다.

_____

◆ 밑줄 친 말을 수의 범위를 나타내는 말로 바꾸어 나타내시오.

> 우편 요금은 무게가 **5g보다 무겁고 25g까지**일 때 **270**원을 받습니다.
>
> 5g 초과 25g 이하

❶ 전기 요금을 계산할 때 **301kwh부터 400kwh까지**의 기본요금은 **3750**원입니다.

_____

❷ 놀이공원의 꼬마 비행기는 키가 **100cm부터 130cm까지** 탈 수 있습니다.

_____

❸ 마트에서 당일 구매금액이 **10000원부터 40000원보다 적을 때** **1000**원짜리 쿠폰을 줍니다.

_____

❹ 초등학교 태권도 체급에서는 몸무게가 **53kg보다 무겁고 56kg까지**일 때 라이트 헤비급이라합니다.

_____

표와 수의 범위

● 표를 보고 물음에 답하시오.

투표를 할 수 있는 나이는 19세 이상이어야 합니다. 우리 가족 중에서 투표를 할 수 있는 사람을 모두 쓰시오. 몇 명입니까?

가족	나	누나	엄마	아빠	삼촌
나이(살)	14	17	41	45	19

_엄마 아빠 삼촌_ , _3_ 명

❶ 정원이 45명인 버스에 다음과 같이 사람이 탔습니다. 정원을 초과한 버스의 기호를 모두 쓰시오. 몇 대입니까?

버스	가	나	다	라	마	바
승객(명)	42	47	44	45	40	55

_____ , _____ 대

❷ 소영이네 마을 놀이공원에 있는 바이킹은 키가 110cm 미만이면 탈 수 없습니다. 소영이 친구 중 바이킹을 탈 수 있는 사람을 모두 쓰시오. 몇 명입니까?

친구	민호	진수	정희	소라	희영
키(cm)	130	145	110	115	108

_____ , _____ 명

✦ 표를 보고 물음에 답하시오.

몸무게에 따른 선수들의 태권도 체급입니다. 준호의 몸무게가 **53**kg이라고 할 때 준호가 속한 체급과 범위를 쓰시오.

미들급
<u>50kg 초과 53kg 이하</u>

몸무게(kg)	체급
53 초과 56 이하	라이트 헤비급
50 초과 53 이하	미들급
47 초과 50 이하	라이트 미들급

❶ 무게에 따른 보통 우편 요금입니다. 민주는 우편물의 무게를 재었더니 **28**g이 나왔습니다. 민주의 우편 요금과 범위를 쓰시오.

무게(g)	요금
5 이하	240원
5 초과 25 이하	270원
25 초과 50 이하	290원

❷ **3**분 동안 한 줄넘기 횟수에 따른 줄넘기 급수입니다. 형수는 **3**분 동안 **140**번을 했습니다. 범수의 줄넘기 급수와 범위를 쓰시오.

횟수(번)	급수
150 이상	1급
100 이상 149 이하	2급
50 이상 99 이하	3급

범위

◑ 수의 범위를 구하시오.

정호네 학교 4학년 학생 모두가 캠핑을 가려면 40인승 버스가 6대 필요하다고 합니다. 정호네 학교 4학년 학생 수는 몇 명 초과 몇 명 이하입니까?

200 명 초과 **240** 명 이하

❶ 딱풀 공장에서 딱풀을 25개씩 넣어 포장한다고 합니다. 오늘 하루 생산한 딱풀을 포장하였더니 포장 상자가 50개 사용되었습니다. 오늘 딱풀 공장에서 생산한 딱풀은 몇 개 이상 몇 개 미만입니까?

◻ 개 이상 ◻ 개 미만

❷ 놀이공원의 코끼리 열차는 한 번에 50명까지 탈 수 있는데 20명 미만일 때는 운행하지 않는다고 합니다. 오늘 하루 동안 코끼리 열차가 10번 운행했다면 오늘 코끼리 열차를 이용한 승객은 몇 명 이상 몇 명 이하입니까?

◻ 명 이상 ◻ 명 이하

❸ 지우네 반 학생들에게 한 사람당 3장씩 색종이를 나누어 주려고 합니다. 색종이를 10장씩 묶어서 판매하여 8묶음을 샀습니다. 지우네 반 학생은 몇 명 이상 몇 명 이하입니까?

◻ 명 이상 ◻ 명 이하

❖ 수의 범위를 구하시오.

공장에서 지우개를 **100**개씩 넣어 포장한다고 합니다. 오늘 하루 생산한 지우개를 포장였더니 포장 상자가 **32**개 사용되었습니다. 오늘 공장에서 생산한 지우개의 수의 범위를 구하시오.

3200개 이상 **3300**개 미만

❶ 창고에 있는 상자를 모두 옮기려고 합니다. 화물차 한 대에 상자 **30**개를 실을 수 있는데 화물차 **7**대가 필요하다고 합니다. 창고에 있는 상자 수의 범위를 구하시오.

_____

❷ 놀이공원의 청룡 열차는 한 번에 **30**명까지 탈 수 있는데 **10**명 미만일 때는 운행하지 않는다고 합니다. 오늘 하루 동안 청룡열차가 **12**번 운행했다고 할 때 청룡열차에 탄 승객 수의 범위를 구하시오.

_____

❸ 정호네 반 학생들에게 삶은 달걀을 나누어 주는데 한 사람에게 **4**개씩 나누어 주려고 합니다. 삶은 달걀은 **30**개씩 판에 담아서 판매하여 **5**판을 샀습니다. 정호네 반 학생 수의 범위를 구하시오.

_____

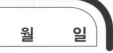
1 숫자 카드를 한 번씩 사용하여 만들 수 있는 두 자리 수 중 **50** 초과 **70** 이하인 수를 모두 쓰시오.

2 보통 우편 요금은 무게가 **25**g보다 무겁고 **50**g까지일 때 **290**원을 받습니다. **290**원을 내는 무게를 수의 범위를 나타내는 말로 바꾸어 나타내시오.

25g보다 무겁고 50g까지 ➔ _____

3 택배로 보낼 물건의 무게가 **3**kg입니다. 요금은 얼마입니까?

〈택배 요금표〉

무게(kg)	금액
3 미만	2500원
3 이상 5 미만	3500원
5 이상 10 미만	4500원

4 미영이네 학교 **4**학년 학생 모두가 체험 학습을 가려면 **35**인승 버스 **7**대가 필요하다고 합니다. 미영이네 학교 **4**학년 학생은 몇 명 이상 몇 명 이하입니까?

4 올림과 버림 (1)

성문 막기

● 구하려는 자리 미만의 수를 올려서 나타내는 방법을 올림, 버려서 나타내는 방법을 버림이라고 합니다. 빈칸에 알맞은 수를 써넣으시오.

올림하여 십의 자리까지 나타내면

23̸7̸ → 240

버림하여 십의 자리까지 나타내면

23̸7̸ → 230

올림하여 백의 자리까지 나타내면

23̸7̸ → 300

버림하여 백의 자리까지 나타내면

23̸7̸ → 200

---

❶

올림하여 십의 자리까지 나타내면

65̸4̸ → ☐

버림하여 십의 자리까지 나타내면

65̸4̸ → ☐

올림하여 백의 자리까지 나타내면

65̸4̸ → ☐

버림하여 백의 자리까지 나타내면

65̸4̸ → ☐

---

❷

올림하여 십의 자리까지 나타내면

18̸2̸ → ☐

버림하여 십의 자리까지 나타내면

18̸2̸ → ☐

올림하여 백의 자리까지 나타내면

18̸2̸ → ☐

버림하여 백의 자리까지 나타내면

18̸2̸ → ☐

❖ 관계있는 것끼리 선으로 이으시오.

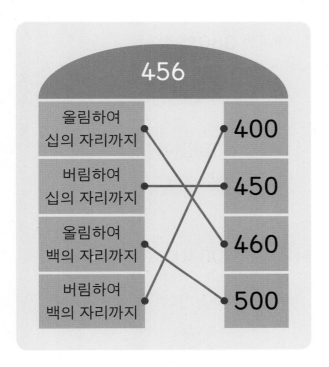

456

올림하여 십의 자리까지	400
버림하여 십의 자리까지	450
올림하여 백의 자리까지	460
버림하여 백의 자리까지	500

① **281**

버림하여 십의 자리까지	280
올림하여 십의 자리까지	300
버림하여 백의 자리까지	200
올림하여 백의 자리까지	290

② **764**

올림하여 백의 자리까지	760
버림하여 십의 자리까지	800
버림하여 백의 자리까지	770
올림하여 십의 자리까지	700

③ **529**

버림하여 백의 자리까지	600
올림하여 백의 자리까지	530
올림하여 십의 자리까지	500
버림하여 십의 자리까지	520

자동차길

◑ 알맞은 말에 ○표 하시오.

387을 [올림 / **버림**] 하여 [**십** / 백] 의 자리까지 나타내면 **380**입니다.

❶ 581을 [올림 / 버림] 하여 [십 / 백] 의 자리까지 나타내면 **600**입니다.

❷ 415를 [올림 / 버림] 하여 [십 / 백] 의 자리까지 나타내면 **400**입니다.

❸ 607을 [올림 / 버림] 하여 [십 / 백] 의 자리까지 나타내면 **700**입니다.

❹ 256을 [올림 / 버림] 하여 [십 / 백] 의 자리까지 나타내면 **260**입니다.

❺ 182를 [올림 / 버림] 하여 [십 / 백] 의 자리까지 나타내면 **180**입니다.

❻ 698을 [올림 / 버림] 하여 [십 / 백] 의 자리까지 나타내면 **600**입니다.

◈ 계산에 맞게 선을 그리시오.

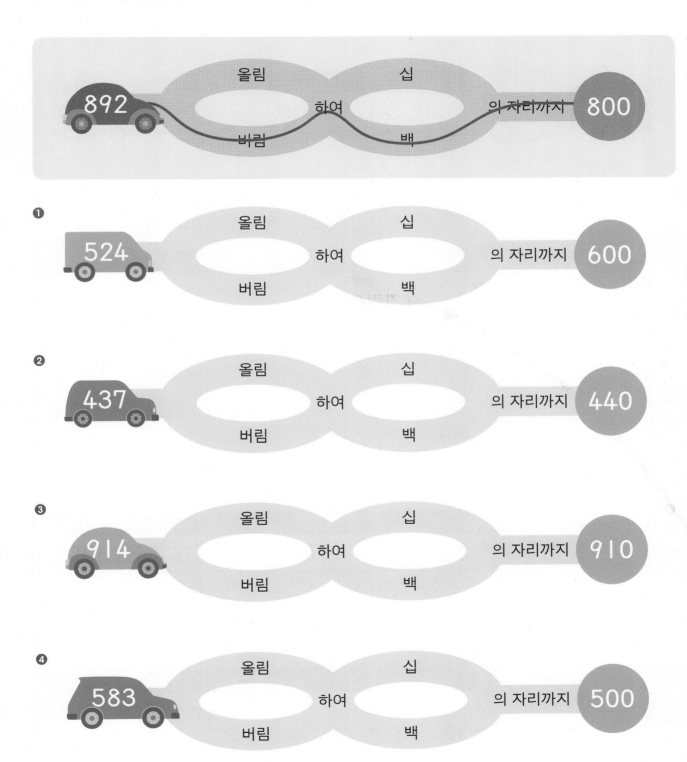

❶ 524 올림/버림 하여 십/백 의 자리까지 600

❷ 437 올림/버림 하여 십/백 의 자리까지 440

❸ 914 올림/버림 하여 십/백 의 자리까지 910

❹ 583 올림/버림 하여 십/백 의 자리까지 500

어림 기차

● 올림하여 기차 칸에 쓰여진 수의 자리까지 나타내시오.

올림 27358 — 만 30000 — 천 28000 — 백 27400 — 십 27360

①

올림 46521 — 만 — 천 — 백 — 십

● 버림하여 기차 칸에 쓰여진 수의 자리까지 나타내시오.

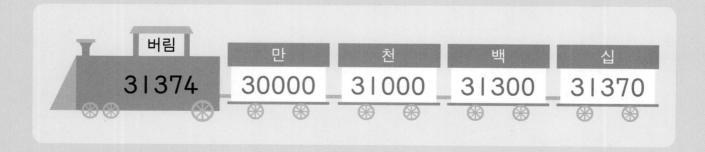

버림 31374 — 만 30000 — 천 31000 — 백 31300 — 십 31370

②

버림 62035 — 만 — 천 — 백 — 십

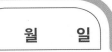

➕ 올림 또는 버림하여 기차 칸에 쓰여진 수의 자리까지 나타내시오.

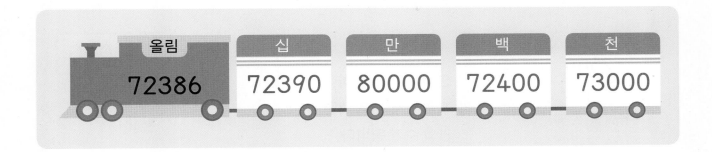

올림 72386 | 십 72390 | 만 80000 | 백 72400 | 천 73000

❶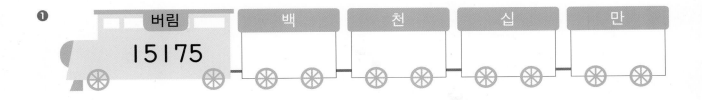

버림 15175 | 백 | 천 | 십 | 만

❷

올림 52384 | 천 | 십 | 백 | 만

❸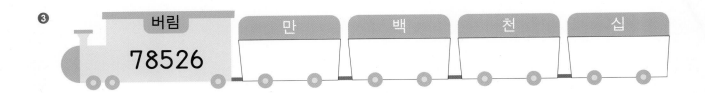

버림 78526 | 만 | 백 | 천 | 십

❹

올림 18863 | 십 | 천 | 백 | 만

어림 약속

● 다음과 같이 약속할 때 빈칸에 알맞은 수를 써넣으시오.

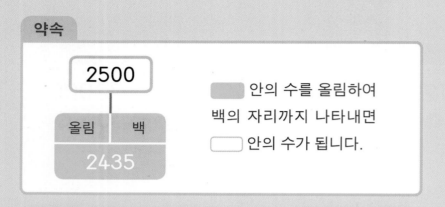

약속

2500

올림 / 백

2435

안의 수를 올림하여 백의 자리까지 나타내면 안의 수가 됩니다.

34000

버림 / 천

34156

❶

올림 / 십

24543

❷

버림 / 백

65858

❸

올림 / 만

76895

❹

버림 / 십

15545

❺

올림 / 백

32712

❻

버림 / 천

54850

➕ 약속에 맞게 빈칸에 알맞은 말을 써넣으시오.

❶
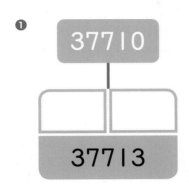

❷
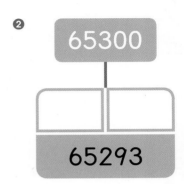

❸
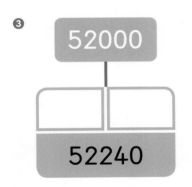

❹
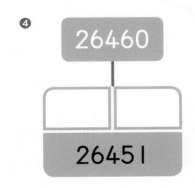

❺
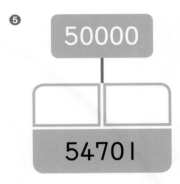

❻
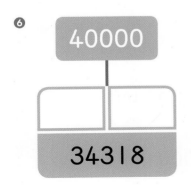

❼
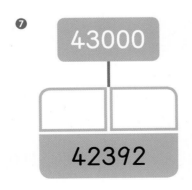

❽
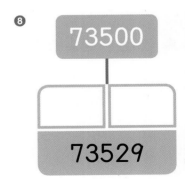

1 수를 올림하여 빈칸에 알맞은 수를 써넣으시오.

수	십의 자리까지	백의 자리까지	천의 자리까지
3746			

2 버림하여 백의 자리까지 나타내시오.

❶ **8903**   ❷ **7114**

3 빈칸에 알맞은 수를 써넣으시오.

8754	버림하여 십의 자리까지	
	올림하여 백의 자리까지	

4 빈칸에 알맞은 말을 써넣으시오.

❶ **62354**를 [   ]하여 [   ]의 자리까지 나타내면 **62400**입니다.

❷ **38570**을 [   ]하여 [   ]의 자리까지 나타내면 **38000**입니다.

5 올림과 버림 (2)

여러 가지 표현

● 올림과 버림을 나타내는 여러 가지 표현입니다. 빈칸에 알맞은 수를 써넣으시오.

1248을 [올림하여 십의 자리까지 / 십의 자리 미만을 올림하여] 나타내면 1250 입니다.

① 1546을 [올림하여 십의 자리까지 / 십의 자리 미만을 올림하여] 나타내면 ⬜ 입니다.

② 7484를 [버림하여 백의 자리까지 / 백의 자리 미만을 버림하여] 나타내면 ⬜ 입니다.

③ 3659를 [올림하여 천의 자리까지 / 천의 자리 미만을 올림하여] 나타내면 ⬜ 입니다.

④ 1917을 [버림하여 십의 자리까지 / 십의 자리 미만을 버림하여] 나타내면 ⬜ 입니다.

⑤ 7643을 [올림하여 백의 자리까지 / 백의 자리 미만을 올림하여] 나타내면 ⬜ 입니다.

✢ 빈칸에 십, 백, 천을 알맞게 써넣으시오.

2781을 ⎡ 백 의 자리 미만을 올림하여 ⎤ 나타내면 **2800**입니다.
      ⎣ 올림하여 백 의 자리까지 ⎦

❶ 3079를 ⎡ ☐ 의 자리 미만을 버림하여 ⎤ 나타내면 **3000**입니다.
         ⎣ 버림하여 ☐ 의 자리까지 ⎦

❷ 5466을 ⎡ ☐ 의 자리 미만을 올림하여 ⎤ 나타내면 **5470**입니다.
         ⎣ 올림하여 ☐ 의 자리까지 ⎦

❸ 6288을 ⎡ ☐ 의 자리 미만을 버림하여 ⎤ 나타내면 **6200**입니다.
         ⎣ 버림하여 ☐ 의 자리까지 ⎦

❹ 2765를 ⎡ ☐ 의 자리 미만을 올림하여 ⎤ 나타내면 **3000**입니다.
         ⎣ 올림하여 ☐ 의 자리까지 ⎦

❺ 5483을 ⎡ ☐ 의 자리 미만을 버림하여 ⎤ 나타내면 **5480**입니다.
         ⎣ 버림하여 ☐ 의 자리까지 ⎦

소수의 올림과 버림

● 올림 또는 버림을 하여 소수 첫째 자리까지 나타내시오.

2.78
버림 2.7 | 2.8 올림

①

12.734
버림 [ ] [ ] 올림

②

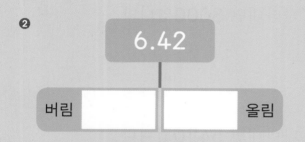

6.42
버림 [ ] [ ] 올림

③

34.612
버림 [ ] [ ] 올림

● 올림 또는 버림을 하여 소수 둘째 자리까지 나타내시오.

3.845
버림 3.84 | 3.85 올림

④

6.096
버림 [ ] [ ] 올림

⑤

4.726
버림 [ ] [ ] 올림

⑥

8.643
버림 [ ] [ ] 올림

● 올림한 수에 ○표, 버림한 수에 △표 하시오.

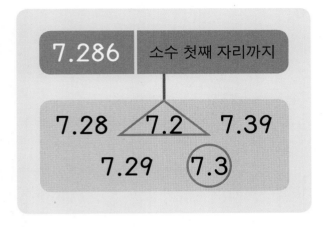

| 7.286 | 소수 첫째 자리까지 |

7.28　△7.2△　7.39
　　7.29　　⃝7.3⃝

❶

| 3.589 | 소수 둘째 자리까지 |

3.59　3.5　3.6
3.58　3.479

❷

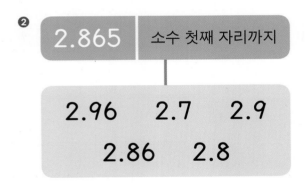

| 2.865 | 소수 첫째 자리까지 |

2.96　2.7　2.9
2.86　2.8

❸

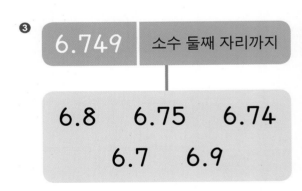

| 6.749 | 소수 둘째 자리까지 |

6.8　6.75　6.74
6.7　6.9

❹

| 5.153 | 소수 첫째 자리까지 |

5.1　5.15　5.16
5.2　5.3

❺

| 8.761 | 소수 둘째 자리까지 |

8.8　8.76　8.7
8.75　8.77

어림하기 표

● 올림과 버림을 하여 빈칸에 알맞은 수를 써넣으시오.

34105	올림	버림
십의 자리까지	34110	34100
백의 자리까지	34200	34100
천의 자리까지	35000	34000

❶

16524	올림	버림
십의 자리까지		
백의 자리까지		
천의 자리까지		

❷

68712	올림	버림
백의 자리까지		
천의 자리까지		
만의 자리까지		

❸

28669	올림	버림
백의 자리까지		
천의 자리까지		
만의 자리까지		

❹

61461	올림	버림
십의 자리까지		
백의 자리까지		
만의 자리까지		

❺

82457	올림	버림
십의 자리까지		
천의 자리까지		
만의 자리까지		

⊕ 올림과 버림을 하여 빈칸에 알맞은 수를 써넣으시오.

314.26	올림	버림
소수 첫째 자리까지	314.3	314.2
일의 자리까지	315	314
십의 자리까지	320	310

❶

42.572	올림	버림
소수 둘째 자리까지		
소수 첫째 자리까지		
십의 자리까지		

❷

672.54	올림	버림
소수 첫째 자리까지		
일의 자리까지		
백의 자리까지		

❸

53.724	올림	버림
소수 둘째 자리까지		
일의 자리까지		
십의 자리까지		

❹

216.89	올림	버림
소수 첫째 자리까지		
십의 자리까지		
백의 자리까지		

❺

14.731	올림	버림
소수 둘째 자리까지		
소수 첫째 자리까지		
일의 자리까지		

어림하여 어떤 수

◑ 올림하여 ▨ 안의 수가 되는 수에 모두 ○표 하시오.

259 (261) 260 (265) (270) 271 → 올림
십의 자리까지 → **270**

❶ 299 300 301 354 399 401 → 올림
백의 자리까지 → 400

❷ 524 527 519 534 531 529 → 올림
십의 자리까지 → 530

◑ 버림하여 ▨ 안의 수가 되는 수에 모두 ○표 하시오.

(359) 340 (350) (357) 360 365 → 버림
십의 자리까지 → **350**

❸ 698 701 712 793 800 801 → 버림
백의 자리까지 → 700

❹ 695 678 685 671 686 680 → 버림
십의 자리까지 → 680

● 올림 또는 버림을 하여 ▨ 안의 수가 되는 수에 모두 ○표 하시오.

3801 (3750) 3694
(3701) 3806 3824

올림 │ 백의 자리까지
↓
3800

❶
5900 6000 5845
7238 6999 7003

버림 │ 천의 자리까지
↓
6000

❷

4625 4630 4617
4619 4638 4627

버림 │ 십의 자리까지
↓
4620

❸
1529 1524 1511
1523 1518 1510

올림 │ 십의 자리까지
↓
1520

❹

5148 4327 5001
3999 4960 5088

올림 │ 천의 자리까지
↓
5000

❺

2703 2800 2655
2772 2511 2691

버림 │ 백의 자리까지
↓
2700

잘 공부했는지 알아봅시다

1 백의 자리 미만을 올림하여 나타내시오.

❶ 4487

❷ 68757

2 버림하여 십의 자리까지 나타내시오.

❶ 2618

❷ 18927

3 올림과 버림을 하여 빈칸에 알맞은 수를 써넣으시오.

3.145	소수 첫째 자리까지	소수 둘째 자리까지
올림		
버림		

4 올림하여 백의 자리까지 나타낼 때 **3600**이 되는 수에 모두 ○표 하시오.

3517	3601	2694
3624	3503	2647

6

반올림

낙하산

◑ 구하려는 자리 바로 아래 자리의 숫자가 0, 1, 2, 3, 4이면 버리고, 5, 6, 7, 8, 9이면 올리는 방법을 반올림이라고 합니다. 빈칸에 알맞은 수를 써넣으시오.

반올림하여 십의 자리까지 나타내면

137 → 140

134 → 130

반올림하여 백의 자리까지 나타내면

256 → 300

237 → 200

①

반올림하여 십의 자리까지 나타내면

428 → ☐

427 → ☐

반올림하여 백의 자리까지 나타내면

162 → ☐

135 → ☐

②

반올림하여 십의 자리까지 나타내면

669 → ☐

663 → ☐

반올림하여 백의 자리까지 나타내면

554 → ☐

513 → ☐

③

반올림하여 십의 자리까지 나타내면

847 → ☐

842 → ☐

반올림하여 백의 자리까지 나타내면

378 → ☐

329 → ☐

＊ 관계있는 것끼리 선으로 이으시오.

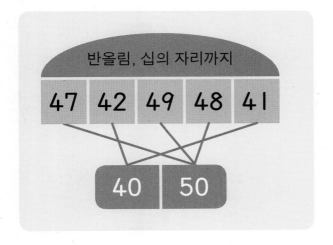

1 반올림, 백의 자리

| 251 | 290 | 249 | 201 | 285 |

| 200 | 300 |

2 반올림, 십의 자리까지

| 61 | 62 | 64 | 68 | 65 |

| 60 | 70 |

3 반올림, 백의 자리

| 436 | 449 | 457 | 480 | 411 |

| 400 | 500 |

4 반올림, 십의 자리까지

| 89 | 88 | 80 | 82 | 86 |

| 80 | 90 |

5 반올림, 백의 자리

| 619 | 643 | 688 | 604 | 690 |

| 600 | 700 |

반올림과 수직선

◑ ■ 안의 수를 수직선에 나타내고 반올림하여 십의 자리까지 나타낸 값에 ○표 하시오.

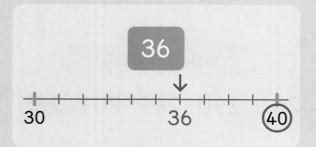

◑ ■ 안의 수를 수직선에 나타내고 반올림하여 백의 자리까지 나타낸 값에 ○표 하시오.

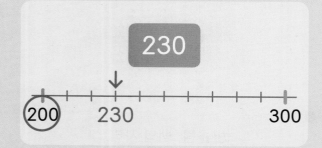

⊕ ▢ 안의 수를 수직선에 나타내고 반올림하여 십의 자리까지 나타낸 값을 찾아 선으로 이으시오.

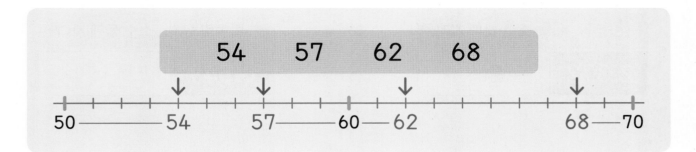

❶

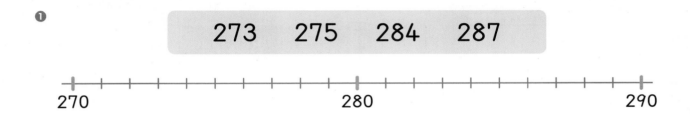

⊕ ▢ 안의 수를 수직선에 나타내고 반올림하여 백의 자리까지 나타낸 값을 찾아 선으로 이으시오.

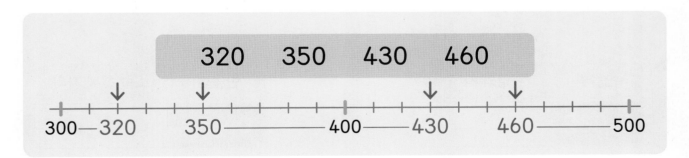

❷

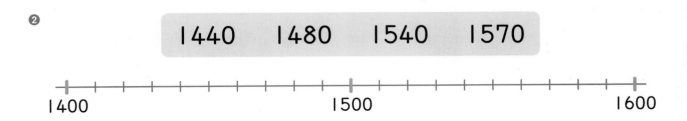

소수 반올림

◑ 소수를 반올림하여 ▨ 안에 쓰여진 자리까지 나타내시오.

반올림	소수 첫째 자리
2.372	2.4

❶

반올림	소수 둘째 자리
0.549	

❷

반올림	일의 자리
3.815	

❸

반올림	소수 첫째 자리
8.471	

❹

반올림	소수 둘째 자리
9.455	

❺

반올림	일의 자리
6.125	

❻

반올림	일의 자리
8.082	

❼

반올림	소수 첫째 자리
0.934	

❽

반올림	소수 둘째 자리
4.436	

❾

반올림	일의 자리
5.702	

✚ 반올림하여 ▭ 안에 쓰여진 자리까지 나타내시오.

반올림	소수 둘째 자리	소수 첫째 자리	일의 자리	십의 자리
26.385	26.39	26.4	26	30

❶

반올림	소수 첫째 자리	일의 자리	십의 자리	소수 둘째자리
75.259				

❷

반올림	일의 자리	소수 첫째 자리	소수 둘째 자리	십의 자리
16.951				

❸

반올림	십의 자리	소수 첫째 자리	소수 둘째 자리	일의 자리
71.588				

❹

반올림	소수 첫째 자리	일의 자리	십의 자리	소수 둘째 자리
12.627				

❺

반올림	소수 둘째 자리	십의 자리	일의 자리	소수 첫째 자리
40.381				

반올림하여 어떤 수

● 반올림하여 십의 자리까지 나타낼 때 ■ 안의 수가 되는 수에 모두 ○표 하시오.

63 (65) (69) (72) 75 81   반올림 십의 자리까지 → 70

❶ 86 95 94 91 96 84   반올림 십의 자리까지 → 90

❷ 145 135 146 132 141 137   반올림 십의 자리까지 → 140

● 반올림하여 백의 자리까지 나타낼 때 ■ 안의 수가 되는 수에 모두 ○표 하시오.

301 349 (350) (401) (449) 495   반올림 백의 자리까지 → 400

❸ 845 814 890 859 740 756   반올림 백의 자리까지 → 800

❹ 671 599 500 627 666 584   반올림 백의 자리까지 → 600

⊕ 반올림하여 ▊▊ 안의 수가 되는 수에 모두 ◯표 하시오.

（2375）（2350） 2305
2449 2349 2192

반올림 │ 백의 자리까지

↓

2400

❶

5462 4994 4345
4470 5501 5974

반올림 │ 천의 자리까지

↓

5000

❷

1876 1862 1871
1860 1865 1875

반올림 │ 십의 자리까지

↓

1870

❸

4679 4660 4500
4642 4529 4578

반올림 │ 백의 자리까지

↓

4600

❹

8001 7099 8804
8621 7460 7600

반올림 │ 천의 자리까지

↓

8000

❺

4611 4629 4624
4627 4615 4613

반올림 │ 십의 자리까지

↓

4620

1 물음에 답하시오.

❶ 126을 수직선에 나타내시오.

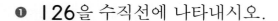

❷ 126은 120과 130 중 어느 수에 더 가깝습니까?

❸ 126을 반올림하여 십의 자리까지 나타내면 얼마입니까?

2 수를 반올림하여 빈칸에 써넣으시오.

수	십의 자리까지	일의 자리까지	소수 첫째 자리까지
635.76			
54.385			

3 반올림하여 십의 자리까지 나타낼 때 **170**이 되는 수에 모두 ○표 하시오.

179   161   165   260   174

7 어떤 수의 범위

가장 큰 어떤 수 (1)

● 올림, 버림, 반올림하여 십의 자리까지 나타낼 때 ▨ 안의 수가 되는 수에 모두 ○표 하시오.

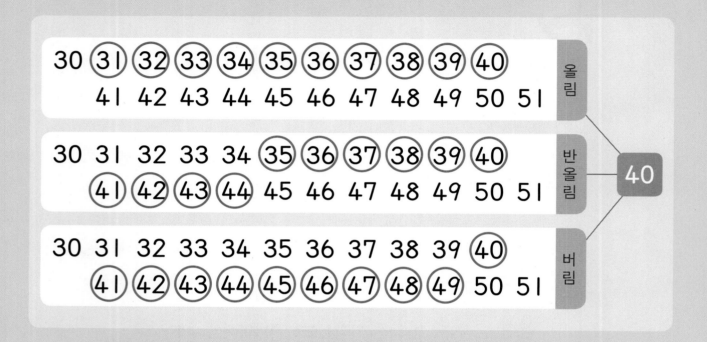

30 ㉛ ㉜ ㉝ ㉞ ㉟ ㊱ ㊲ ㊳ ㊴ ㊵ 41 42 43 44 45 46 47 48 49 50 51 올림

30 31 32 33 34 ㉟ ㊱ ㊲ ㊳ ㊴ ㊵ ㊶ ㊷ ㊸ ㊹ 45 46 47 48 49 50 51 반올림

30 31 32 33 34 35 36 37 38 39 ㊵ ㊶ ㊷ ㊸ ㊹ ㊺ ㊻ ㊼ ㊽ ㊾ 50 51 버림

40

❶

50 51 52 53 54 55 56 57 58 59 60 61 62 63 64 65 66 67 68 69 70 71 올림

50 51 52 53 54 55 56 57 58 59 60 61 62 63 64 65 66 67 68 69 70 71 반올림

50 51 52 53 54 55 56 57 58 59 60 61 62 63 64 65 66 67 68 69 70 71 버림

60

➕ 올림, 버림, 반올림하여 십의 자리까지 나타낼 때 ■■ 안의 수가 되는 자연수 중 가장 큰 수와 가장 작은 수를 쓰시오.

50	가장 작은 수	가장 큰 수
올림	41	50
반올림	45	54
버림	50	59

❶

70	가장 작은 수	가장 큰 수
올림		
반올림		
버림		

❷

120	가장 작은 수	가장 큰 수
올림		
반올림		
버림		

❸

250	가장 작은 수	가장 큰 수
올림		
반올림		
버림		

❹

90	가장 작은 수	가장 큰 수
올림		
반올림		
버림		

❺

720	가장 작은 수	가장 큰 수
올림		
반올림		
버림		

762 어떤 수의 범위 (1)

◑ 올림, 버림, 반올림하여 십의 자리까지 나타낼 때 ▨ 안의 수가 되는 수의 범위를
수직선에 나타내시오.

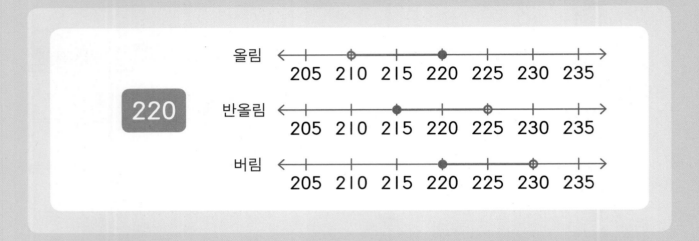

❶

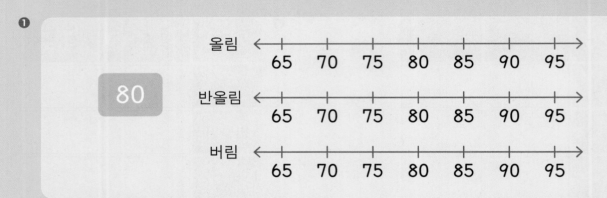

❷

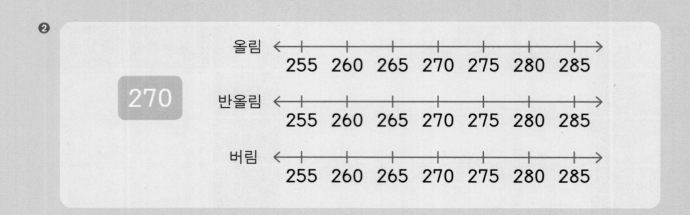

✦ 올림, 버림, 반올림하여 십의 자리까지 나타낼 때 ■ 안의 수가 되는 수의 범위를 나타내시오. 단, 수는 몇십 또는 몇십오 단위로 나타냅니다.

310 초과 320 이하	인 수를 올림하면	
315 이상 325 미만	인 수를 반올림하면	320 이 됩니다.
320 이상 330 미만	인 수를 버림하면	

❶
	인 수를 올림하면	
	인 수를 반올림하면	60 이 됩니다.
	인 수를 버림하면	

❷
	인 수를 올림하면	
	인 수를 반올림하면	920 이 됩니다.
	인 수를 버림하면	

❸
	인 수를 올림하면	
	인 수를 반올림하면	550 이 됩니다.
	인 수를 버림하면	

가장 큰 어떤 수 (2)

● 올림, 버림, 반올림하여 백의 자리까지 나타낼 때 ▨ 안의 수가 되는 수에 모두 ○표 하시오.

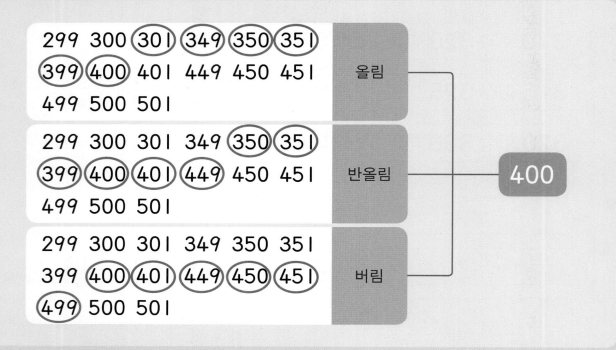

299	300	ⓜ301	ⓜ349	ⓜ350	ⓜ351		
ⓜ399	ⓜ400	401	449	450	451	올림	
499	500	501					
299	300	301	349	ⓜ350	ⓜ351		400
ⓜ399	ⓜ400	ⓜ401	ⓜ449	450	451	반올림	
499	500	501					
299	300	301	349	350	351		
399	ⓜ400	ⓜ401	ⓜ449	ⓜ450	ⓜ451	버림	
ⓜ499	500	501					

❶

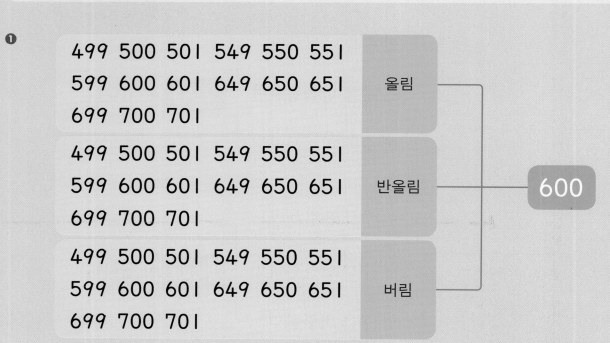

499	500	501	549	550	551		
599	600	601	649	650	651	올림	
699	700	701					
499	500	501	549	550	551		600
599	600	601	649	650	651	반올림	
699	700	701					
499	500	501	549	550	551		
599	600	601	649	650	651	버림	
699	700	701					

올림, 버림, 반올림하여 백의 자리까지 나타낼 때 ■ 안의 수가 되는 자연수 중 가장 큰 수와 가장 작은 수를 쓰시오.

500	가장 작은 수	가장 큰 수
올림	401	500
반올림	450	549
버림	500	599

❶

200	가장 작은 수	가장 큰 수
올림		
반올림		
버림		

❷

1300	가장 작은 수	가장 큰 수
올림		
반올림		
버림		

❸

4200	가장 작은 수	가장 큰 수
올림		
반올림		
버림		

❹

700	가장 작은 수	가장 큰 수
올림		
반올림		
버림		

❺

900	가장 작은 수	가장 큰 수
올림		
반올림		
버림		

어떤 수의 범위 (2)

◑ 올림, 버림, 반올림하여 백의 자리까지 나타낼 때 안의 수가 되는 수의 범위를 수직선에 나타내시오.

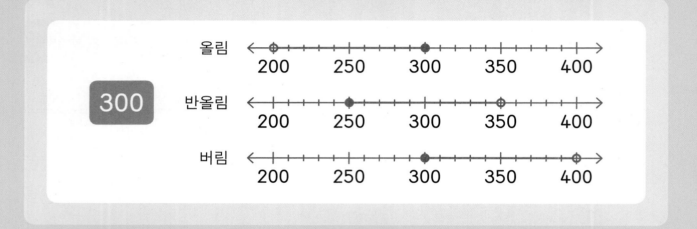

❶
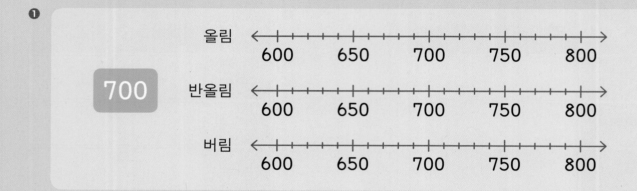

❷
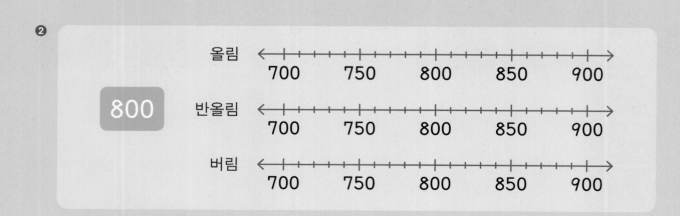

➕ 올림, 버림, 반올림하여 백의 자리까지 나타낼 때 ▬ 안의 수가 되는 수의 범위를 나타낸 것입니다. 빈칸에 알맞은 말을 써넣으시오.

400 [초과] 500 [이하] 인 수를 올림하면

450 [이상] 550 [미만] 인 수를 반올림하면   500 이 됩니다.

500 [이상] 600 [미만] 인 수를 버림하면

❶

1200 [ ] 1300 [ ] 인 수를 올림하면

1250 [ ] 1350 [ ] 인 수를 반올림하면   1300 이 됩니다.

1300 [ ] 1400 [ ] 인 수를 버림하면

❷

800 [ ] 900 [ ] 인 수를 올림하면

850 [ ] 950 [ ] 인 수를 반올림하면   900 이 됩니다.

900 [ ] 1000 [ ] 인 수를 버림하면

❸

2600 [ ] 2700 [ ] 인 수를 올림하면

2650 [ ] 2750 [ ] 인 수를 반올림하면   2700 이 됩니다.

2700 [ ] 2800 [ ] 인 수를 버림하면

잘 공부했는지 알아봅시다

1 반올림하여 **700**이 되는 수를 수직선에 나타내고, 수의 범위를 쓰시오.

❶ 일의 자리에서 반올림할 때

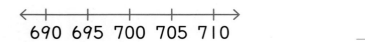

_____

❷ 십의 자리에서 반올림할 때

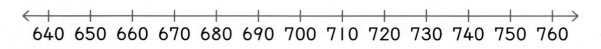

_____

2 십의 자리 미만을 버림하여 **220**이 되는 자연수 중 가장 큰 수와 가장 작은 수의 차를 구하는 식과 답을 쓰시오.

식 : _____   답 : _____

3 올림하여 백의 자리까지 나타낼 때 **1300**이 되는 가장 큰 수와 가장 작은 수의 합을 구하는 식과 답을 쓰시오.

식 : _____   답 : _____

8 어림하기의 활용

어림 방법

◐ ■ 안의 수를 어림하였더니 □ 안의 수가 되었습니다. 빈칸에 알맞은 말을 써넣으시오.

버림 하여
백 의 자리까지
5420 → 5400
반올림 하여
백 의 자리까지

❶
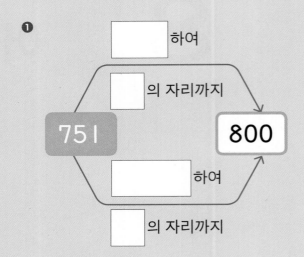

□ 하여
□ 의 자리까지
751 → 800
□ 하여
□ 의 자리까지

❷

□ 하여
3456 → 3400
□ 의 자리까지

❸
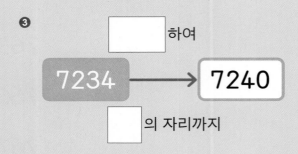

□ 하여
7234 → 7240
□ 의 자리까지

❹

□ 하여
□ 의 자리까지
3876 → 3880
□ 하여
□ 의 자리까지

❺
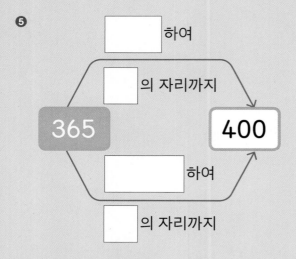

□ 하여
□ 의 자리까지
365 → 400
□ 하여
□ 의 자리까지

✚ ▨ 안의 수를 어림하여 ▢ 안의 수가 되었습니다. 어림한 방법을 쓰시오. 어림한 방법이 두 가지가 나올 경우 두 가지 모두 씁니다.

7144 어림→ 7140　　버림하여 십의 자리까지,
　　　　　　　　　　　　반올림하여 십의 자리까지

❶  385 어림→ 390

❷  720 어림→ 700

❸  1325 어림→ 1400

❹  874 어림→ 870

❺  9358 어림→ 9360

❻  1815 어림→ 1900

❼  565 어림→ 500

숫자 카드 어떤 수

◑ 숫자 카드를 한 번씩 사용하여 문제에 맞는 세 자리 수를 모두 만드시오.

2 4 6 8

일의 자리에서 반올림하면 **250**이 됩니다.

246 , 248

① **7 4 5 6**

반올림하여 십의 자리까지 나타내면 **760** 입니다.

② **8 3 5 4**

올림하여 십의 자리까지 나타내면 **350**이 됩니다.

③ **2 9 3 7**

버림하여 십의 자리까지 나타내면 **930**입 니다.

④ **3 4 5 7**

일의 자리에서 반올림하면 **740**입니다.

✛ 숫자 카드를 한 번씩 사용하여 문제에 맞는 세 자리 수를 모두 만드시오.

십의 자리에서 반올림하면 **500**이 됩니다.

451 457 514 517 541 547

❶

올림하여 백의 자리까지 나타내면 **800**이 됩니다.

_____

❷

백의 자리 미만에서 올림하여 나타내면 **400**이 됩니다.

_____

❸

반올림하여 백의 자리까지 나타내면 **700**이 됩니다.

_____

❹

올림하여 백의 자리까지 나타내면 **300**이 됩니다.

_____

767 어떤 수

● 어떤 수가 될 수 있는 자연수 중 가장 작은 수와 가장 큰 수를 쓰시오.

어떤 수를 일의 자리에서 반올림하였더니 **750**이 되었습니다.

가장 작은 수 : __745__   가장 큰 수 : __754__

❶ 어떤 수를 백의 자리 미만에서 버림하였더니 **1500**이 되었습니다.

가장 작은 수 : _____   가장 큰 수 : _____

❷ 어떤 수를 올림하여 십의 자리까지 나타내였더니 **1750**이 되었습니다.

가장 작은 수 : _____   가장 큰 수 : _____

❸ 어떤 수를 십의 자리에서 반올림하였더니 **1500**이 되었습니다.

가장 작은 수 : _____   가장 큰 수 : _____

❹ 어떤 수를 십의 자리 미만에서 버림하였더니 **930**이 되었습니다.

가장 작은 수 : _____   가장 큰 수 : _____

❺ 어떤 수를 올림하여 백의 자리까지 나타내었더니 **4700**이 되었습니다.

가장 작은 수 : _____   가장 큰 수 : _____

✦ 어떤 수가 될 수 있는 자연수 중 가장 작은 수와 가장 큰 수를 쓰시오.

어떤 수를 일의 자리에서 반올림하였더니 **350**이 되었고, 십의 자리에서 반올림하였더니 **300**이 되었습니다.

가장 작은 수 : <u>345</u>   가장 큰 수 : <u>349</u>

❶ 어떤 수를 올림하여 십의 자리까지 나타내었더니 **430**이 되었고, 반올림하여 십의 자리까지 나타내었더니 **420**이 되었습니다.

가장 작은 수 : _____   가장 큰 수 : _____

❷ 어떤 수를 버림하여 백의 자리까지 나타내었더니 **400**이 되었고, 반올림하여 백의 자리까지 나타내었더니 **500**이 되었습니다.

가장 작은 수 : _____   가장 큰 수 : _____

❸ 어떤 수를 반올림하여 십의 자리까지 나타내었더니 **1250**이 되었고, 반올림하여 백의 자리까지 나타내었더니 **1300**이 되었습니다.

가장 작은 수 : _____   가장 큰 수 : _____

❹ 어떤 수를 올림하여 백의 자리까지 나타내었더니 **1500**이 되었고, 반올림하여 백의 자리까지 나타내었더니 역시 **1500**이 되었습니다.

가장 작은 수 : _____   가장 큰 수 : _____

올림과 버림의 활용

◑ 올림을 이용하여 빈칸에 알맞은 수를 쓰시오.

상점에서 **3150**원짜리 물건을 샀습니다. **1000**원짜리로 ⟨4000⟩ 원을 내면 물건을 살 수 있습니다.

❶ **4**학년 학생 **450**명이 **40**인승 버스를 타고 현장 학습을 갈 때 필요한 버스는 모두 ☐ 대입니다.

❷ **72**명의 학생이 강연회에 참석하였습니다. 긴 의자 한 개에 **5**명이 앉을 수 있다고 할 때 필요한 긴 의자는 ☐ 개입니다.

◑ 버림을 이용하여 빈칸에 알맞은 수를 써넣으시오.

동전을 모은 저금통을 열어서 세어 보니 모두 **8750**원입니다. 이것을 **1000**원짜리 지폐로 바꾸면 ⟨8000⟩ 원까지 바꿀 수 있습니다.

❸ 연필을 **12**자루씩 담아 선물 세트를 만들려고 합니다. 연필이 **125**자루 있다면 만들 수 있는 선물 세트는 ☐ 개입니다.

❹ 하나의 종이 상자를 만드는 데 색종이가 **5**장 사용됩니다. 색종이가 **72**장 있다면 만들 수 있는 종이 상자는 ☐ 개입니다.

❖ 올림 또는 버림에 ○표 하고 답을 쓰시오.

물건을 포장하는 데 포장지 **257**장이 필요한데 포장지는 **10**장 단위로만 판다고 합니다. 물건을 모두 포장하려면 포장지를 얼마나 사야 합니까?

(⭕올림 , 버림)   _____260_____ 장

❶ 리본 **1**개를 만드는 데 **10**cm의 끈이 필요합니다. 끈 **5**m **15**cm로 몇 개의 리본을 만들 수 있습니까?

(올림 , 버림)   _____ 개

❷ 화물차 한 대에 상자 **20**개를 실을 수 있습니다. 상자 **127**개를 실어 나르려면 화물차가 몇 대 필요합니까?

(올림 , 버림)   _____ 대

❸ 공장에서 한 상자에 인형을 **24**개씩 넣어서 포장하려고 합니다. 인형 **1205**개를 포장하려면 상자가 몇 개 필요합니까?

(올림 , 버림)   _____ 개

1 2725를 어림하였더니 2700이 되었습니다. 어림한 두 가지 방법을 모두 쓰시오.

2 십의 자리에서 반올림하여 3700이 되는 수 중 가장 큰 수와 가장 작은 수를 구하시오.

3 어떤 수를 올림하여 십의 자리까지 나타내었더니 730이 되었습니다. 어떤 수는 모두 몇 개입니까?

4 영철이네 학교 학생 625명이 농구 시합을 보기 위해 경기장을 찾았습니다. 긴 의자 한 개에 10명이 앉을 수 있다고 할 때 필요한 긴 의자의 개수를 구하시오.

❶ 올림, 버림, 반올림 중에서 어느 방법으로 구해야 합니까?

❷ 필요한 긴 의자의 개수는 몇 개입니까?

MEMO

MEMO

사고셈

정답 및 해설
Guide Book

초등4 4호
여림하기

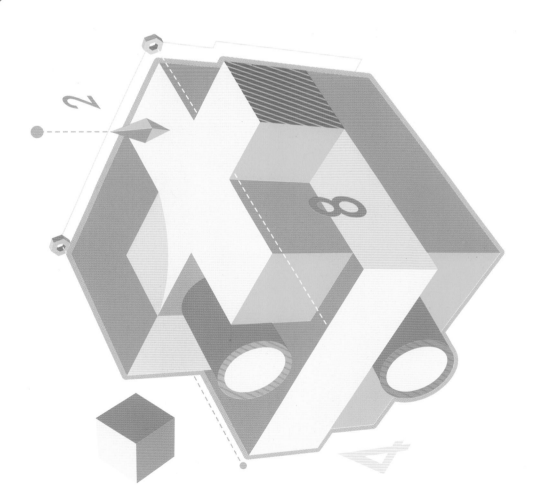

NE능률

737 이상과 이하

● ■ 보다 크거나 같은 수를 ■ 이상인 수라 합니다. ■보다 크거나 같은 수에 ○표 하시오.

15

5 13 14.9 ⑮ 15.2 16 25

15 이상인 수에는 15가 포함됩니다.

76

36 60 60.9 ⑯ 76.1 82 103

76 이상인 수에는 76이 포함됩니다.

224

94 127 219.8 ㉔ 227 235.2

● ● 보다 작거나 같은 수를 ● 이하인 수라 합니다. ●보다 작거나 같은 수에 ○표 하시오.

83

51 71.3 80 83 87.5 92 131

83 이하인 수에는 83이 포함됩니다.

100

11 98 100 102.4 121 181 294

100 이하인 수에는 100이 포함됩니다.

273

89 198 271.2 273 280 321 400.3

❹ 알맞은 수에 ○표 하시오.

72 48 50.9 / 102 5.2 39 → 70 이상인 수

70보다 크거나 같은 수를 찾으세요.

① 64 57.8 8.9 / 59 58 137 → 58 이하인 수

58보다 작거나 같은 수를 찾으세요.

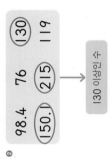

② 98.4 76 130 / 150.1 215 119 → 130 이상인 수

130보다 크거나 같은 수를 찾으세요.

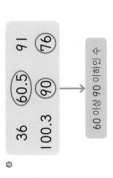

③ 179 210.2 205 / 301 207 94.9 → 205 이하인 수

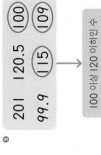

④ 36 60.5 91 / 100.3 90 76 → 60 이상 90 이하인 수

⑤ 201 120.5 100 / 99.9 115 109 → 100 이상 120 이하인 수

738 초과와 미만

● ■보다 큰 수를 초과인 수라 합니다. ■안의 수보다 큰 수에 ○표 하시오.

37 | 29　30.8　32　37　(37.4)　(38)　(54)
37 초과인 수에는 37이 포함되지 않습니다.

① **85** | 67　80.7　84　85　(85.2)　(91)　(104)
85 초과인 수에는 85가 포함되지 않습니다.

② **135** | 110　132　134.9　(135.6)　(140)　(160)

● ●보다 작은 수를 ●미만인 수라 합니다. ●안의 수보다 작은 수에 ○표 하시오.

2.4 | (0.1)　(1.5)　(2)　2.4　3　7　20
2.4 미만인 수에는 2.4가 포함되지 않습니다.

③ **71** | (50)　(69)　(70.3)　71　75　80.4　91
71 미만인 수에는 71이 포함되지 않습니다.

④ **120** | (91)　(100.5)　(114)　120　121　132　140

◆ 알맞은 수에 ○표 하시오.

① 70　70.5　(35)
125　(65)　(69.7)
→ 70 미만인 수
70보다 작은 수를 찾습니다.

② (130)　29.5　(31)
30　(30.5)　24
→ 30 초과인 수
30보다 큰 수를 찾습니다.

③ (120)　128　(12)
(64)　128.4　212
→ 128 미만인 수

④ (42.5)　(142)　41
24　42　(45)
→ 42 초과인 수

⑤ (235)　198　250
(245)　(200.2)　50
→ 200 초과 250 미만인 수

⑥ 36　50　(71)
(50.8)　(65)　72.7
→ 50 초과 72 미만인 수

월　일

1 주차

낙하산

739

● 관계있는 것끼리 선으로 이으시오.

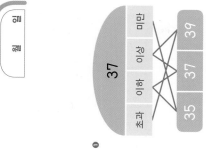

37은 36보다 큰 수이므로 36 이상인
수나 36 초과인 수에 포함됩니다.

72 초과인 수에는 72가 포함되지 않고
72 이상인 수는 72가 포함됩니다.

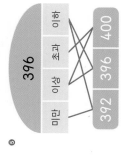

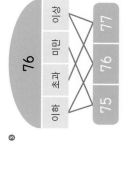

25 미만인 수에서 25가 포함되지 않고
25 이하인 수에는 25가 포함됩니다.

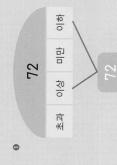

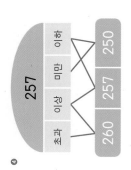

● 관계있는 것끼리 선으로 이으시오.

1 주차

740 매트릭스

● 범위를 만족하는 수에 모두 ○표 하시오.

	16 이상		16 초과	
19 이하	⑯ ⑰ ⑱ ⑲	⑯	⑰ ⑱ ⑲	⑲
19 미만	⑯ ⑰ ⑱ ⑲	⑯	⑰ ⑱ 19	19

	60 초과		60 이상	
63 이하	60 ⑥ ⑥ ⑥	⑥ ⑥ ⑥	60 ⑥ ⑥ ⑥	⑥ ⑥ ⑥
63 미만	60 ⑥ ⑥ 63	⑥ ⑥ 63	60 ⑥ ⑥ 63	⑥ ⑥ 63

	27 이상		27 초과	
30 미만	㉗ ㉘ ㉙ 30	㉘ ㉙ 30	27 ㉘ ㉙ 30	㉘ ㉙ 30
30 이하	㉗ ㉘ ㉙ ㉚	㉘ ㉙ ㉚	27 ㉘ ㉙ ㉚	㉘ ㉙ ㉚

	152 초과		152 이상	
155 미만	152 ⑮ ⑮ 155	⑮ ⑮ 155	152 ⑮ ⑮ 155	⑮ ⑮ 155
155 이하	152 ⑮ ⑮ ⑮	⑮ ⑮ ⑮	152 ⑮ ⑮ ⑮	⑮ ⑮ ⑮

가로줄과 세로줄의 조건을 모두 만족하는 수를 찾습니다.

● 빈칸에 알맞은 자연수를 모두 써넣으시오.

월	일

	70 이상	70 초과
73 미만	70 71 72	71 72
73 이하	70 71 72 73	71 72 73

❶
	39 이상	39 초과
42 이하	39 40 41 42	40 41 42
42 미만	39 40 41	40 41

❷
	84 초과	84 이상
87 미만	85 86	84 85 86
87 이하	85 86 87	84 85 86 87

❸
	119 초과	119 이상
122 이하	120 121 122	119 120 121 122
122 미만	120 121	119 120 121

잘 공부했는지 알아봅시다

월   일

1 수를 보고 물음에 답하시오.

| 16.35 | 15.02 | 16 | 18 | 7 |
| 17 | 13.9 | 19 | 8 | 15 |

● 17 이상인 수를 모두 쓰시오.   17 18 19   17 이상인 수는 17을 포함합니다.

❷ 15 초과 18 미만인 수를 모두 쓰시오.   15.02 16 16.35 17

❸ 16 이하인 수는 모두 몇 개입니까?   6개 15.02, 16, 7, 13.9, 8, 15

2 ( ) 안에 ○표 또는 ×표 알맞게 써넣으시오.

❶ 62는 62 미만인 수입니다.   (×)
62 미만인 수에는 62가 포함되지 않습니다.

❷ 25, 26, 27 중에서 26 초과인 수는 27입니다.   (○)
26 초과인 수에는 26이 포함되지 않습니다.

❸ 15, 16, 17 중에서 16 이하인 수는 15 뿐입니다.   (×)
16 이하인 수에는 16이 포함됩니다.

3 다음 수를 모두 더하면 얼마입니까?   50

7 초과 12 이하인 자연수

7 초과 10 이하인 자연수는 8, 9, 10, 11, 12이므로
8+9+10+11+12=50입니다.

741 범위 안의 수

● ○ 안의 수를 보고 빈칸에 알맞은 수를 써넣으시오.

1

| 11 | 12 | 13 | 14 | 15 | 16 |

12 이상 15 이하인 수

이상과 이하는 기준이 되는 수를 포함하므로 ○ 안의 수 중 가장 작은 수와 가장 큰 수를 빈칸에 씁니다.

2

| 7 | 8 | 9 | 10 | 11 | 12 |

8 이상 11 미만인 수

4

| 45 | 46 | 47 | 48 | 49 | 50 |

45 초과 49 미만인 수

6

| 52 | 53 | 54 | 55 | 56 | 57 |

53 이상 57 미만인 수

1

| 27 | 28 | 29 | 30 | 31 | 32 |

28 초과 31 미만인 수

3

| 71 | 72 | 73 | 74 | 75 | 76 |

72 초과 74 이하인 수

5

| 38 | 39 | 40 | 41 | 42 | 43 |

40 이상 42 이하인 수

7

| 81 | 82 | 83 | 84 | 85 | 86 |

81 초과 84 이하인 수

● ○ 안의 수를 보고 빈칸에 알맞은 수를 써넣으시오.

● ○ 안의 수를 보고 빈칸에 알맞은 수를 써넣으시오.

이상과 이하는 기준이 되는 수를 포함하고, 초과와 미만은 기준이 되는 수를 포함하지 않습니다.

1

| 37 | 38 | 39 | 40 | 41 | 42 |

38 이상 41 미만인 수

38은 ○ 안의 수이고 41은 ○ 안의 수가 아니므로, 38보다 크거나 같고 41보다 작은 수를 뜻합니다.

1

| 59 | 60 | 61 | 62 | 63 | 64 |

60 초과 63 미만인 수

2

| 4 | 5 | 6 | 7 | 8 | 9 |

5 이상 8 이하인 수

3

| 16 | 17 | 18 | 19 | 20 | 21 |

17 초과 20 이하인 수

4

| 8 | 9 | 10 | 11 | 12 | 13 |

9 초과 13 미만인 수

5

| 65 | 66 | 67 | 68 | 69 | 70 |

66 이상 70 미만인 수

6

| 35 | 36 | 37 | 38 | 39 | 40 |

36 초과 38 이하인 수

7

| 73 | 74 | 75 | 76 | 77 | 78 |

74 이상 76 이하인 수

742 선 연결하기

● 관계있는 것끼리 선으로 이으시오.

이상과 이하는 수직선에서 ● 관계있는 것끼리 선으로 이으시오.
기준점을 ●로 표시하고,
미만과 초과는 수직선에서
기준점을 ○으로 표시합니다.

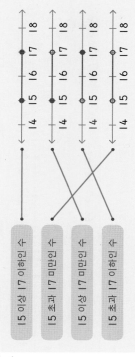

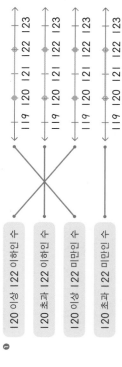

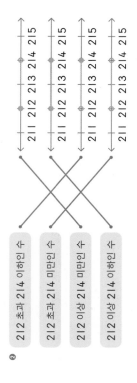

7 이상인 수
7 이하인 수
7 미만인 수
7 초과인 수

14 이상인 수
14 이하인 수
14 미만인 수
14 초과인 수

30 이상인 수
30 이하인 수
30 미만인 수
30 초과인 수

15 이상 17 이하인 수
15 초과 17 미만인 수
15 이상 17 미만인 수
15 초과 17 이하인 수

120 이상 122 이하인 수
120 초과 122 이하인 수
120 이상 122 미만인 수
120 초과 122 미만인 수

212 초과 214 이하인 수
212 초과 214 미만인 수
212 이상 214 미만인 수
212 이상 214 이하인 수

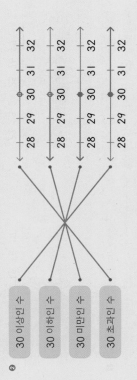

743 수직선 범위

● 수의 범위를 수직선에 나타내시오.

14 이상인 수

11 12 13 14 15 16 17

① **25 미만인 수**

22 23 24 25 26 27 28

② **35 초과인 수**

32 33 34 35 36 37 38

③ **23 이하인 수**

20 21 22 23 24 25 26

④ **16 이상 20 미만인 수**

15 16 17 18 19 20 21

⑤ **8 초과 12 이하인 수**

7 8 9 10 11 12 13

⑥ **27 이상 31 이하인 수**

26 27 28 29 30 31 32

⑦ **10 초과 14 미만인 수**

9 10 11 12 13 14 15

● 수직선에 나타낸 수의 범위를 쓰시오.

27 28 29 30 31 32 33 34 35 36

29 이상 34 미만인 수

① 5 6 7 8 9 10 11 12 13 14

7 초과 12 미만인 수

② 15 16 17 18 19 20 21 22 23 24

17 초과 22 이하인 수

③ 37 38 39 40 41 42 43 44 45 46

39 이상 44 이하인 수

④ 60 61 62 63 64 65 66 67 68 69

62 이상 67 미만인 수

⑤ 125 126 127 128 129 130 131 132 133 134

127 초과 132 미만인 수

⑥ 196 197 198 199 200 201 202 203 204 205

198 초과 203 이하인 수

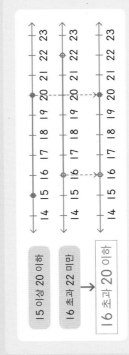
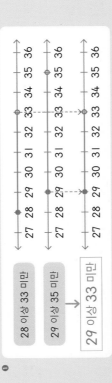
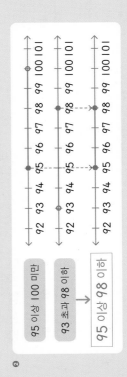

744 겹치는 부분

● 겹치는 부분을 구하여 수직선에 나타내고 수의 범위를 쓰시오.

15 이상 20 이하
16 초과 22 미만
→ 16 초과 20 이하

① 28 이상 33 미만
29 이상 35 미만
→ 29 이상 33 미만

② 95 이상 100 미만
93 초과 98 이하
→ 95 이상 98 이하

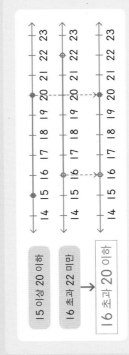

● 겹치는 부분의 수의 범위를 쓰시오.

37 초과 50 미만
26 이상 45 이하
→ 37 초과 45 이하

① 22 이상 36 미만
26 초과 40 이하
→ 26 초과 36 미만

② 125 초과 150 이하
132 이상 162 미만
→ 132 이상 150 이하

③ 157 이상 190 이하
136 초과 180 미만
→ 157 이상 180 미만

④ 77 이상 98 미만
79 초과 95 이하
→ 79 초과 95 이하

⑤ 123 초과 150 미만
110 이상 151 이하
→ 123 초과 150 미만

⑥ 72 이상 89 이하
80 이상 90 미만
→ 80 이상 89 이하

⑦ 105 초과 130 미만
110 초과 140 이하
→ 110 초과 130 미만

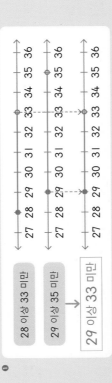
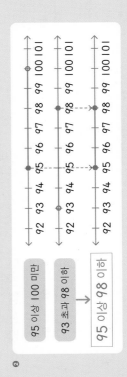

② 주차

잘 공부했는지 알아봅시다

월 일

이상과 이하는 수직선에서 기준점을 ● 로 표시하고, 미만과 초과는 수직선에서 기준점을 ○로 표시합니다.

1 수의 범위를 수직선에 나타내시오.

❶ 11 초과인 수

8 9 10 11 12 13 14

❷ 15 이하인 수

12 13 14 15 16 17 18

❸ 25 이상 32 미만인 수

23 24 25 26 27 28 29 30 31 32 33 34

2 수직선 위에 나타낸 수의 범위를 쓰시오.

❶ 25 이상인 수

22 23 24 25 26 27 28

❷ 16 초과 23 이하인 수

14 15 16 17 18 19 20 21 22 23 24 25

기준점에 ●로 표시된 것은 이상 또는 이하, ○로 표시된 것은 초과 또는 미만을 의미합니다.

3 다음 수의 범위를 수직선에 나타내었을 때 겹치는 부분의 수의 범위를 쓰시오.

59 이상 75 미만인 수

65 초과 84 미만인 수

65 초과 75 미만인 수

745 숫자 카드와 범위

● 숫자 카드를 한 번씩 사용하여 만들 수 있는 두 자리 수를 모두 쓰고 범위에 맞는 수에 ○표 하시오.

③ [3] [7] [2]
30 이상 70 이하
23 27 ㉜ ㉲ 72 73

① [4] [6] [8]
48 초과 84 미만
46 48 ⑥④ ⑥⑧ 84 86

② [1] [3] [8]
80 초과
13 18 31 38 ⑧① ⑧③

③ [2] [4] [7]
40 미만
㉔ ㉗ 42 47 72 74

④ [6] [7] [5]
65 이상 75 미만
56 57 ⑥⑤ ⑥⑦ 75 76

⑤ [3] [8] [5]
35 초과 53 이하
35 ㉛⑧ ㉝ 58 83 85

◆ 숫자 카드를 한 번씩 사용하여 만들 수 있는 두 자리 수 중에서 범위에 맞는 수를 모두 쓰시오.

① [3] [7] [6] [2]
30 이상 60 이하
32 36 37

③ [3] [1] [2] [5]
50 초과
십의 자리 숫자가 3입니다.
51 52 53

⑤ [5] [9] [3] [8]
85 이상 95 미만
85 89 93

◆ [2] [7] [5] [8]
25 초과 57 미만
십의 자리 숫자가 2 또는 5입니다.
27 28 52

② [1] [4] [6] [7]
40 미만
십의 자리 숫자가 1입니다.
14 16 17

④ [8] [7] [6] [4]
65 이상 75 이하
67 68 74

③ 주차

746 범위를 나타내는 말

● 밑줄 친 말은 수의 범위를 나타내는 말로 바꾸어 나타내시오.

놀이기구를 타려면 키가 <u>130cm보다 커야</u> 합니다.
___130cm 초과___

① 이 프로그램은 <u>7세부터</u> 볼 수 있습니다.
___7세 이상___

② 이 엘리베이터는 <u>15명까지</u> 탈 수 있습니다.
___15명 이하___

③ 투표를 할 수 있는 나이는 <u>19세부터</u>입니다.
___19세 이상___

④ 이 관광버스는 정원이 <u>45명</u>입니다.
___45명 이하___

⑤ <u>19세보다 적은</u> 나이의 청소년에게는 술과 담배를 팔지 않습니다.
___19세 미만___

⑥ 이 다리는 무게가 <u>5000kg보다 무거운</u> 자동차는 통과할 수 없습니다.
___5000kg 초과___

월 일

● 밑줄 친 말은 수의 범위를 나타내는 말로 바꾸는 말로 바꾸어 나타내시오.

우편 요금은 무게가 <u>5g보다 무겁고 25g까지</u>일 때 270원을 받습니다.
___5g 초과 25g 이하___

① 전기 요금을 계산할 때 <u>301kwh부터 400kwh까지</u>의 기본 요금은 3750원입니다.
___301kwh 이상 400kwh 이하___

② 놀이공원의 꼬마 비행기는 키가 <u>100cm부터 130cm까지</u> 탈 수 있습니다.
___100cm 이상 130cm 이하___

③ 마트에서 당일 구매금액이 <u>10000원부터 40000원보다 적을 때</u> 1000원짜리 쿠폰을 줍니다.
___10000원 이상 40000원 미만___

④ 초등학교 태권도 체급에서도 몸무게가 <u>53kg보다 무겁고 56kg까지</u>일 때 라이트 헤비급이라 합니다.
___53kg 초과 56kg 이하___

747 표와 수의 범위

● 표를 보고 물음에 답하시오.

투표를 할 수 있는 나이는 19세 이상이어야 합니다. 우리 가족 중에서 투표를 할 수 있는 사람을 모두 쓰시오. 몇 명입니까?

가족	나	누나	엄마	아빠	삼촌
나이(살)	14	17	41	45	19

엄마 아빠 삼촌 , 3 명

❶ 정원이 45명인 버스에 다음과 같이 사람이 있었습니다. 정원을 초과한 버스의 기호를 모두 쓰시오. 몇 대입니까?

버스	가	나	다	라	마	바
승객(명)	42	47	44	45	40	55

나 바 , 2 대

❷ 소영이네 마을 놀이공원에 있는 바이킹은 키가 110cm 미만이면 탈 수 없습니다. 소영이 친구 중 바이킹을 탈 수 있는 사람을 모두 쓰시오. 몇 명입니까?

친구	민호	진수	정희	소라	희영
키(cm)	130	145	110	115	108

민호 진수 정희 소라 , 4 명

● 표를 보고 물음에 답하시오.

✚ 몸무게에 따른 선수들의 태권도 체급입니다. 준호의 몸무게가 53kg이라고 할 때 준호가 속한 체급과 범위를 쓰시오.

체급	몸무게(kg)
라이트 헤비급	53 초과 56 이하
미들급	50 초과 53 이하
라이트 미들급	47 초과 50 이하

미들급 , 50kg 초과 53kg 이하

❶ 무게에 따른 보통 우편 요금입니다. 민주는 우편물의 무게를 재었더니 28g이 나왔습니다. 민주의 우편 요금과 범위를 쓰시오.

무게(g)	요금
5 이하	240원
5 초과 25 이하	270원
25 초과 50 이하	290원

290원 , 25g 초과 50g 이하

❷ 3분 동안 한 줄넘기 횟수에 따른 줄넘기 급수입니다. 형수는 3분 동안 140번을 했습니다. 형수의 줄넘기 급수와 범위를 쓰시오.

횟수(번)	급수
150 이상	1급
100 이상 149 이하	2급
50 이상 99 이하	3급

2급 , 100번 이상 149번 이하

범위

748

● 수의 범위를 구하시오.

정호네 학교 4학년 학생 모두가 캠핑을 가려면 40인승 버스가 6대 필요하다고 합니다. 정호네 학교 4학년 학생 수는 몇 명 초과 몇 명 이하입니까?

버스 5대에는 학생이 $40 \times 5 = 200$(명)까지 탈 수 있으므로 200명보다 많아야 하고, 버스 6대에는 $40 \times 6 = 240$(명)까지 탈 수 있으므로 240명과 같거나 적어야 합니다.

<u>200</u> 명 초과 <u>240</u> 명 이하

❶ 딱풀 공장에서 딱풀을 25개씩 넣어 포장한다고 합니다. 오늘 하루 생산한 딱풀을 포장하였더니 포장 상자가 50개 사용되었습니다. 오늘 딱풀 공장에서 생산한 딱풀은 몇 개 이상 몇 개 미만입니까?

상자 50개에 모두 25×50까지 넣고 51 번째 상자에는 25개를 다 넣지 못하였으므로 딱풀의 개수는 $25 \times 50 = 1250$(개)이상 $25 \times 51 = 1275$(개)미만입니다.

<u>1250</u> 개 이상 <u>1275</u> 개 미만

❷ 놀이공원의 코끼리 열차는 한 번에 50명까지 탈 수 있는데 20명 미만이면 운행하지 않는다고 합니다. 오늘 하루 동안 코끼리 열차가 10번 운행했다면 오늘 코끼리 열차를 이용한 승객은 몇 명 이상 몇 명 이하입니까?

<u>200</u> 명 이상 <u>500</u> 명 이하

❸ 지우네 반 학생들에게 한 사람당 3장씩 색종이를 나누어 주려고 합니다. 색종이를 10장씩 묶어서 판매하여 8묶음을 샀더니 남는 색종이가 없습니다. 지우네 반 학생은 몇 명 이상 몇 명 이하입니까?

<u>24</u> 명 이상 <u>26</u> 명 이하

월　일

● 수의 범위를 구하시오.

공장에서 지우개를 100개씩 넣어 포장한다고 합니다. 오늘 하루 생산한 지우개를 포장하였더니 포장 상자가 32개 사용되었습니다. 오늘 공장에서 생산한 지우개의 수의 범위를 구하시오.

상자 32개에 모두 지우개를 100개씩 넣고, 33번째 상자는 채우지 못하였으므로 생산 지우개의 수는 $100 \times 32 = 3200$(개) 이상 $100 \times 33 = 3300$(개) 미만입니다.

<u>3200개 이상 3300개 미만</u>

❶ 창고에 있는 상자를 모두 옮기려고 합니다. 화물차 한 대에 상자 30개를 실을 수 있는데 화물차 7대가 필요하다고 합니다. 창고에 있는 상자 수의 범위를 구하시오.

화물차 6대에는 $30 \times 6 = 180$(개)까지 실을 수 있으므로 상자 수는 180개 보다 많아야 하고, 화물차 7대에는 $30 \times 7 = 210$(개)까지 실을 수 있으므로 상자는 210개와 같거나 적어야 합니다.

<u>180개 초과 210개 이하</u>

181개 이상 210개 이하로 나타낼 수 있습니다.

❷ 놀이공원의 청룡 열차는 한 번에 30명까지 탈 수 있는데 10명 미만일 때는 운행하지 않는다고 합니다. 오늘 하루 동안 청룡열차가 12번 운행했다고 할 때 청룡열차에 탄 승객 수의 범위를 구하시오.

12번 모두 30명씩 타면 360명, 12번 모두 10명씩 타면 120명이므로 승객 수는 120명 이상 360명 이하입니다.

<u>120명 이상 360명 이하</u>

❸ 정호네 반 학생들에게 삶은 달걀을 나누어 주는데 한 사람에게 4개씩 나누어 주려고 합니다. 삶은 달걀은 30개씩 판에 담아서 판매하여 5판을 샀습니다. 정호네 반 학생 수의 범위를 구하시오.

30명 초과 38명 미만으로 나타낼 수 있습니다.

<u>31명 이상 37명 이하</u>

달걀 4판은 $4 \times 30 = 120$(개)이고 4개씩 나누어 주므로 학생 수는 $120 \div 4 = 30$(명) 보다 많아야 하고, 달걀 5판은 $5 \times 30 = 150$(개)이고 4개씩 나누어 주므로 학생 수는 $150 \div 4 = 37$(명) $\cdots$ 2(개)이므로 37명과 같거나 적어야 합니다.

잘 공부했는지 알아봅시다

월 일

1 숫자 카드를 한 번씩 사용하여 만들 수 있는 두 자리 수 중 50 초과 70 이하인 수를 모두 쓰시오. **54 57 70**

0 5 7 4

2 보통 우편 요금은 무게가 25g보다 무겁고 50g까지일 때 290원을 받습니다. 290원을 내는 무게를 수의 범위를 나타내는 말로 바꾸어 나타내시오.

25g보다 무겁고 50g까지 → 25g 초과 50g 이하

3 택배로 보낼 물건의 무게가 3kg입니다. 요금은 얼마입니까? **3500원**

〈택배 요금표〉

무게(kg)	금액
3 미만	2500원
3 이상 5 미만	3500원
5 이상 10 미만	4500원

4 미영이네 학교 4학년 학생 모두가 체험 학습을 가려면 35인승 버스 7대가 필요하다고 합니다. 미영이네 학교 4학년 학생은 몇 명 이상 몇 명 이하입니까?
35인승 버스 6대에는 $35 \times 6 = 210$(명)이 탈 수 있으므로
210명보다 많아야 하고, 버스 7대에는 $35 \times 7 = 245$(명)
이 탈 수 있으므로 245명과 같거나 적어야 합니다. **211명 이상 245명 이하**

③ 주차

P.36

④ 주차

749 셈돈 막기

● 구하려는 자리 미만의 수를 올려서 나타내는 방법을 올림, 버려서 나타내는 방법을 버림이라고 합니다. 빈칸에 알맞은 수를 써넣으시오.

❶
올림하여 십의 자리까지 나타내면
$$237 \rightarrow \boxed{240}$$
버림하여 십의 자리까지 나타내면
$$237 \rightarrow \boxed{230}$$
올림하여 백의 자리까지 나타내면
$$237 \rightarrow \boxed{300}$$
버림하여 백의 자리까지 나타내면
$$237 \rightarrow \boxed{200}$$

❶
올림하여 십의 자리까지 나타내면
$$654 \rightarrow \boxed{660}$$
버림하여 십의 자리까지 나타내면
$$654 \rightarrow \boxed{650}$$
올림하여 백의 자리까지 나타내면
$$654 \rightarrow \boxed{700}$$
버림하여 백의 자리까지 나타내면
$$654 \rightarrow \boxed{600}$$

❷
올림하여 십의 자리까지 나타내면
$$182 \rightarrow \boxed{190}$$
버림하여 십의 자리까지 나타내면
$$182 \rightarrow \boxed{180}$$
올림하여 백의 자리까지 나타내면
$$182 \rightarrow \boxed{200}$$
버림하여 백의 자리까지 나타내면
$$182 \rightarrow \boxed{100}$$

걸 린

● 관계있는 것끼리 선으로 이으시오.

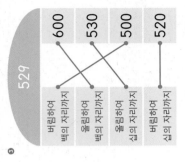

❶
281
- 버림하여 십의 자리까지 — 280
- 올림하여 십의 자리까지 — 300
- 버림하여 백의 자리까지 — 200
- 올림하여 백의 자리까지 — 290

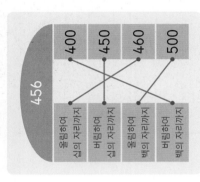

456
- 올림하여 십의 자리까지 — 400
- 버림하여 십의 자리까지 — 450
- 올림하여 백의 자리까지 — 460
- 버림하여 백의 자리까지 — 500

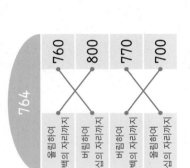

❸
529
- 버림하여 백의 자리까지 — 600
- 올림하여 백의 자리까지 — 530
- 올림하여 십의 자리까지 — 500
- 버림하여 십의 자리까지 — 520

❷
764
- 올림하여 백의 자리까지 — 760
- 버림하여 십의 자리까지 — 800
- 버림하여 백의 자리까지 — 770
- 올림하여 십의 자리까지 — 700

4 주차

자동차길

750

● 알맞은 말에 ○표 하시오.

387을 [올림/버림] 하여 [십/백] 의 자리까지 나타내면 380입니다.

❶ 581을 [올림/버림] 하여 [십/백] 의 자리까지 나타내면 600입니다.

❷ 415를 [올림/버림] 하여 [십/백] 의 자리까지 나타내면 400입니다.

❸ 607을 [올림/버림] 하여 [십/백] 의 자리까지 나타내면 700입니다.

❹ 256을 [올림/버림] 하여 [십/백] 의 자리까지 나타내면 260입니다.

❺ 182를 [올림/버림] 하여 [십/백] 의 자리까지 나타내면 180입니다.

❻ 698을 [올림/버림] 하여 [십/백] 의 자리까지 나타내면 600입니다.

● 계산에 맞게 선을 그리시오.

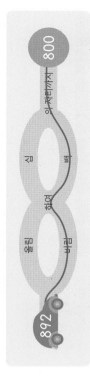
892 — 이 자리까지 — 800

❶ 524 — 이 자리까지 — 600

❷ 437 — 이 자리까지 — 440

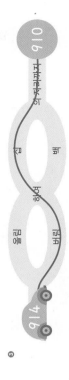
❸ 914 — 이 자리까지 — 910

❹ 583 — 이 자리까지 — 500

④ 주차

751 어림 기차

● 올림하여 기차 칸에 쓰여진 수의 자리까지 나타내시오.

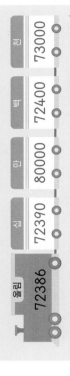

27358 | 만 30000 | 천 28000 | 백 27400 | 십 27360

46521 | 만 50000 | 천 47000 | 백 46600 | 십 46530

● 버림하여 기차 칸에 쓰여진 수의 자리까지 나타내시오.

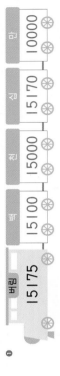

31374 | 만 30000 | 천 31000 | 백 31300 | 십 31370

62035 | 만 60000 | 천 62000 | 백 62000 | 십 62030

42

일 월

◆ 올림 또는 버림하여 기차 칸에 쓰여진 수의 자리까지 나타내시오.

72386 | 십 72390 | 만 80000 | 백 72400 | 천 73000

① 15175 | 백 15100 | 천 15000 | 십 15170 | 만 10000

② 52384 | 천 53000 | 십 52390 | 백 52400 | 만 60000

③ 78526 | 만 70000 | 백 78500 | 천 78000 | 십 78520

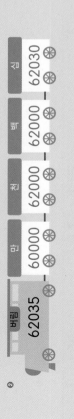
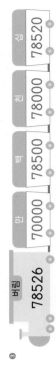

④ 18863 | 십 18870 | 천 19000 | 백 18900 | 만 20000

P. 44 ● P. 45

④ 주차

752 어림 약속

● 다음과 같이 어림할 때 빈칸에 알맞은 수를 써넣으시오.

약속

2500	백
올림	2435

안의 수를 올림하여 백의 자리까지 나타내면 안의 수가 됩니다.

34000	천
버림	34156

34156을 버림하여 천의 자리까지 나타내면 34000입니다.

❸
80000	만
올림	76895

❻
54000	천
버림	54850

❷
65800	백
버림	65858

❺
32800	백
올림	32712

❶
24550	십
올림	24543

❹
15540	십
버림	15545

월   일

● 약속에 맞게 빈칸에 알맞은 말을 써넣으시오.

❷
65300	백
올림	65293

65293을 올림하여 백의 자리까지 나타내면 65300입니다.

❶
37710	십
버림	37713

37713을 버림하여 십의 자리까지 나타내면 37710입니다.

❸
73000	천
올림	72760

72760을 올림하여 천의 자리까지 나타내면 73000입니다.

❺
50000	만
버림	54701

❹
26460	십
올림	26451

❸
52000	천
버림	52240

❽
73500	백
버림	73529

❼
43000	천
올림	42392

❻
40000	만
올림	34318

④ 주차

잘 공부했는지 알아봅시다

월

일

1 수를 올림하여 빈칸에 알맞은 수를 써넣으시오.

수	십의 자리까지	백의 자리까지	천의 자리까지
3746	3750	3800	4000

2 버림하여 백의 자리까지 나타내시오.

❶ 8903 8900　　　❷ 7114 7100

3 빈칸에 알맞은 수를 써넣으시오.

8754	버림하여 십의 자리까지	8750
	올림하여 백의 자리까지	8800

4 빈칸에 알맞은 말을 써넣으시오.

❶ 62354를 올림 하여 백 의 자리까지 나타내면 62400입니다.

❷ 38570을 버림 하여 천 의 자리까지 나타내면 38000입니다.

⑤ 주차

753 여러 가지 표현

● 올림과 버림을 나타내는 여러 가지 표현입니다. 빈칸에 알맞은 수를 써넣으시오.

1248을 ┌ 올림하여 십의 자리까지 ┐ 나타내면 **1250** 입니다.
　　　 └ 십의 자리 미만을 올림하여 ┘

● 1546을 ┌ 올림하여 십의 자리까지 ┐ 나타내면 **1550** 입니다.
　　　　 └ 십의 자리 미만을 올림하여 ┘

② 7484를 ┌ 버림하여 백의 자리까지 ┐ 나타내면 **7400** 입니다.
　　　　 └ 백의 자리 미만을 버림하여 ┘

③ 3659를 ┌ 올림하여 천의 자리까지 ┐ 나타내면 **4000** 입니다.
　　　　 └ 천의 자리 미만을 올림하여 ┘

④ 1917을 ┌ 버림하여 십의 자리까지 ┐ 나타내면 **1910** 입니다.
　　　　 └ 십의 자리 미만을 버림하여 ┘

⑤ 7643을 ┌ 올림하여 백의 자리까지 ┐ 나타내면 **7700** 입니다.
　　　　 └ 백의 자리 미만을 올림하여 ┘

풀이

● 빈칸에 십, 백, 천을 알맞게 써넣으시오.

2781을 ┌ **백**의 자리 미만을 올림하여 ┐ 나타내면 2800입니다.
　　　 └ 올림하여 **백**의 자리까지 ┘

● 3079를 ┌ **천**의 자리 미만을 버림하여 ┐ 나타내면 3000입니다.
　　　　 └ 버림하여 **천**의 자리까지 ┘

② 5466을 ┌ **십**의 자리 미만을 올림하여 ┐ 나타내면 5470입니다.
　　　　 └ 올림하여 **십**의 자리까지 ┘

③ 6288을 ┌ **백**의 자리 미만을 버림하여 ┐ 나타내면 6200입니다.
　　　　 └ 버림하여 **백**의 자리까지 ┘

④ 2765를 ┌ **천**의 자리 미만을 올림하여 ┐ 나타내면 3000입니다.
　　　　 └ 올림하여 **천**의 자리까지 ┘

⑤ 5483을 ┌ **십**의 자리 미만을 버림하여 ┐ 나타내면 5480입니다.
　　　　 └ 버림하여 **십**의 자리까지 ┘

5 주차

754 소수의 올림과 버림

● 올림 또는 버림을 하여 소수 첫째 자리까지 나타내시오.

①
12.734 — 올림 12.8 / 버림 12.7

③
34.612 — 올림 34.7 / 버림 34.6

④
6.096 — 올림 6.1 / 버림 6.09
6.100이라 써도 됩니다.

⑤
8.643 — 올림 8.65 / 버림 8.64

②
2.78 — 올림 2.8 / 버림 2.7

6.42 — 올림 6.5 / 버림 6.4

● 올림 또는 버림을 하여 소수 둘째 자리까지 나타내시오.

③
3.845 — 올림 3.85 / 버림 3.84

⑤
4.726 — 올림 4.73 / 버림 4.72

● 올림한 수에 ○표, 버림한 수에 △표 하시오.

①
3.589 소수 둘째 자리까지
○3.59 3.5 3.6
△3.58 3.479

②
7.286 소수 첫째 자리까지
7.28 △7.2 ○7.3
7.29 7.39

③
6.749 소수 둘째 자리까지
6.8 ○6.75 △6.74
6.7 6.9

④
2.865 소수 첫째 자리까지
2.96 2.7 ○2.9
2.86 △2.8

⑤
8.761 소수 둘째 자리까지
8.8 △8.76 8.7
8.75 ○8.77

⑥
5.153 소수 첫째 자리까지
△5.1 5.15 5.16
○5.2 5.3

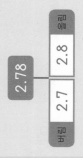

어림하기 표

● 올림과 버림을 하여 빈칸에 알맞은 수를 써넣으시오.

❶ 42.572

	올림	버림
소수 둘째 자리까지	42.58	42.57
소수 첫째 자리까지	42.6	42.5
십의 자리까지	50	40

314.26

	올림	버림
소수 첫째 자리까지	314.3	314.2
일의 자리까지	315	314
십의 자리까지	320	310

❸ 53.724

	올림	버림
소수 둘째 자리까지	53.73	53.72
일의 자리까지	54	53
십의 자리까지	60	50

❷ 672.54

	올림	버림
소수 첫째 자리까지	672.6	672.5
일의 자리까지	673	672
백의 자리까지	700	600

❺ 14.731

	올림	버림
소수 둘째 자리까지	14.74	14.73
소수 첫째 자리까지	14.8	14.7
일의 자리까지	15	14

❹ 216.89

	올림	버림
소수 첫째 자리까지	216.9	216.8
십의 자리까지	220	210
백의 자리까지	300	200

---

755 어림하기 표

● 올림과 버림을 하여 빈칸에 알맞은 수를 써넣으시오.

❶ 16524

	올림	버림
십의 자리까지	16530	16520
백의 자리까지	16600	16500
천의 자리까지	17000	16000

34105

	올림	버림
십의 자리까지	34110	34100
백의 자리까지	34200	34100
천의 자리까지	35000	34000

❸ 28669

	올림	버림
백의 자리까지	28700	28600
천의 자리까지	29000	28000
만의 자리까지	30000	20000

❷ 68712

	올림	버림
백의 자리까지	68800	68700
천의 자리까지	69000	68000
만의 자리까지	70000	60000

❺ 82457

	올림	버림
십의 자리까지	82460	82450
천의 자리까지	83000	82000
만의 자리까지	90000	80000

❹ 61461

	올림	버림
십의 자리까지	61470	61460
백의 자리까지	61500	61400
만의 자리까지	70000	60000

756 어림하여 어떤 수

● 올림하여 ■ 안의 수가 되는 수에 모두 ○표 하시오.

259 (261) 260 (265) (270) 271 → 올림 십의 자리까지 → 270

299 300 (301) (354) (399) 401 → 올림 백의 자리까지 → 400

(524) (527) 519 534 531 (529) → 올림 십의 자리까지 → 530

● 버림하여 ■ 안의 수가 되는 수에 모두 ○표 하시오.

(359) 340 (350) (357) 360 365 → 버림 십의 자리까지 → 350

698 (701) (712) (793) 800 801 → 버림 백의 자리까지 → 700

695 678 (685) (686) 671 (680) → 버림 십의 자리까지 → 680

월 일

● 올림 또는 버림을 하여 ■ 안의 수가 되는 수에 모두 ○표 하시오.

① 5900 (6000) 5845 / 7238 (6999) 7003 → 버림 천의 자리까지 → 6000

② 3801 (3750) 3694 / (3701) 3806 3824 → 올림 백의 자리까지 → 3800

③ 1529 1524 (1511) / 1523 (1518) 1510 → 올림 십의 자리까지 → 1520

④ 5148 (4327) 5001 / 3999 (4960) 5088 → 올림 천의 자리까지 → 5000

⑤ (2703) 2800 2655 / (2772) 2511 2691 → 버림 백의 자리까지 → 2700

⑥ 4625 4630 4617 / 4619 4638 (4627) → 버림 십의 자리까지 → 4620

P. 56

5 주차

잘 공부했는지 알아봅시다

월　일

1 백의 자리 미만을 올림하여 나타내시오.

① 4487　4500

② 68757　68800

2 버림하여 십의 자리까지 나타내시오.

① 2618　2610

② 18927　18920

3 올림과 버림을 하여 빈칸에 알맞은 수를 써넣으시오.

3.145	소수 첫째 자리까지	소수 둘째 자리까지
올림	3.2	3.15
버림	3.1	3.14

4 올림하여 백의 자리까지 나타낼 때 3600이 되는 수에 모두 ○표 하시오.

⟨3517⟩　3601　2694

3624　⟨3503⟩　2647

⑥ 주차

757 낙하산

● 구하려는 자리 바로 아래 자리의 숫자가 0, 1, 2, 3, 4이면 버리고, 5, 6, 7, 8, 9이면 올리는 방법을 반올림이라고 합니다. 빈칸에 알맞은 수를 채워넣으시오.

반올림하여 십의 자리까지 나타내면
13**7** → 140
13**4** → 130

반올림하여 백의 자리까지 나타내면
2**56** → 300
2**37** → 200

일의 자리 숫자가 7이면 올리고, 4이면 버립니다.
십의 자리 숫자가 5면 올리고, 30이면 버립니다.

①
반올림하여 십의 자리까지 나타내면
42**8** → 430
42**1** → 420

반올림하여 백의 자리까지 나타내면
1**62** → 200
1**35** → 100

②
반올림하여 십의 자리까지 나타내면
66**9** → 670
66**3** → 660

반올림하여 백의 자리까지 나타내면
5**54** → 600
5**13** → 500

③
반올림하여 십의 자리까지 나타내면
84**7** → 850
84**2** → 840

반올림하여 백의 자리까지 나타내면
3**78** → 400
3**29** → 300

월 일

● 관계있는 것끼리 선으로 이으시오.

①
반올림, 백의 자리

251 290 249 201 285
200 300

십의 자리 숫자가 0, 1, 2, 3, 4이면 200
5, 6, 7, 8, 9이면 300입니다.

반올림, 십의 자리까지
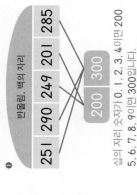
47 42 49 48 41
40 50

일의 자리 숫자가 0, 1, 2, 3, 4이면 40
5, 6, 7, 8, 9이면 50입니다.

③
반올림, 백의 자리
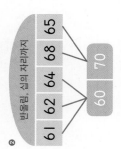
436 449 457 480 411
400 500

②
반올림, 십의 자리까지

61 62 64 68 65
60 70

⑤
반올림, 백의 자리
619 643 688 604 690
600 700

④
반올림, 십의 자리까지
89 88 80 82 86
80 90

758 반올림과 수직선

6 주차

● 임의 수를 수직선에 나타내고 반올림하여 십의 자리까지 나타낸 값에 ○표 하시오.

36

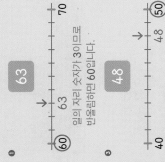
24

일의 자리 숫자가 6이므로 반올림하면 40입니다.

63

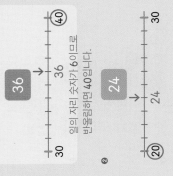
48

일의 자리 숫자가 3이므로 반올림하면 60입니다.

● 임의 수를 수직선에 나타내고 반올림하여 백의 자리까지 나타낸 값에 ○표 하시오.

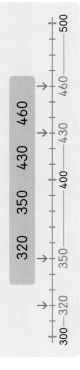
230

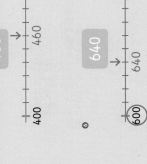
460

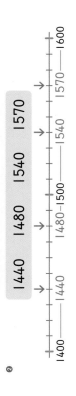
810

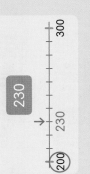
640

● 임의 수를 수직선에 나타내고 반올림하여 십의 자리까지 나타낸 값을 찾아 선으로 이으시오.

54　57　62　68

① 273　275　284　287

● 임의 수를 수직선에 나타내고 반올림하여 백의 자리까지 나타낸 값을 찾아 선으로 이으시오.

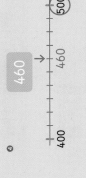

320　350　430　460

② 1440　1480　1540　1570

759 소수 반올림

● 소수를 반올림하여 ■ 안에 쓰여진 자리까지 나타내시오.

반올림	소수 첫째 자리
2.372	2.4

① 반올림 0.549 → 소수 둘째 자리 0.55
② 반올림 3.815 → 일의 자리 4
③ 반올림 8.471 → 소수 첫째 자리 8.5
④ 반올림 9.455 → 소수 둘째 자리 9.46
⑤ 반올림 6.125 → 일의 자리 6
⑥ 반올림 8.082 → 일의 자리 8
⑦ 반올림 0.934 → 소수 첫째 자리 0.9
⑧ 반올림 4.436 → 소수 둘째 자리 4.44
⑨ 반올림 5.702 → 일의 자리 6

● 반올림하여 ■ 안에 쓰여진 자리까지 나타내시오.

반올림	소수 둘째 자리	소수 첫째 자리	일의 자리	십의 자리
26.385	26.39	26.4	26	30

① 75.259 → 소수 첫째 자리 75.3, 일의 자리 75, 십의 자리 80, 소수 둘째자리 75.26
② 16.951 → 일의 자리 17, 소수 첫째 자리 17, 소수 둘째 자리 16.95, 십의 자리 20
③ 71.588 → 십의 자리 70, 소수 첫째 자리 71.6, 소수 둘째 자리 71.59, 일의 자리 72
④ 12.627 → 소수 첫째 자리 12.6, 일의 자리 13, 십의 자리 10, 소수 둘째 자리 12.63
⑤ 40.381 → 소수 둘째 자리 40.38, 십의 자리 40, 일의 자리 40, 소수 첫째자리 40.4

760 반올림하여 어떤 수

● 반올림하여 십의 자리까지 나타낼 때 ■ 안의 수가 되는 수에 모두 ○표 하시오.

63 (65) (69) (72) 75 81
반올림 → 십의 자리까지 → **70**

① 86 95 (94) (91) 96 84
반올림 → 십의 자리까지 → 90

② 145 (135) 146 132 (141) (137)
반올림 → 십의 자리까지 → 140

● 반올림하여 백의 자리까지 나타낼 때 ■ 안의 수가 되는 수에 모두 ○표 하시오.

301 349 (350) (401) (449) 495
반올림 → 백의 자리까지 → **400**

③ (845) (814) 890 859 740 (756)
반올림 → 백의 자리까지 → 800

④ 671 (599) 500 (627) 666 (584)
반올림 → 백의 자리까지 → 600

◆ 반올림하여 ■ 안의 수가 되는 수에 모두 ○표 하시오.

① (5462) (4994) 4345 4470 5501 5974
반올림 → 천의 자리까지 → 5000

③ 4679 4660 4500 (4642) 4529 (4578)
반올림 → 백의 자리까지 → 4600

⑤ 4611 4629 (4624) 4627 (4615) 4613
반올림 → 십의 자리까지 → 4620

✦ (2375) (2350) 2305 2449 2349 2192
반올림 → 백의 자리까지 → **2400**

② 1876 1862 (1871) 1860 (1865) 1875
반올림 → 십의 자리까지 → 1870

④ (8001) 7099 8804 8621 7460 (7600)
반올림 → 천의 자리까지 → 8000

⑥ 주차

잘 공부했는지 알아봅시다

월 일

1 물음에 답하시오.

① 126을 수직선에 나타내시오.

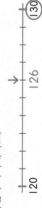

120   126   (130)

② 126은 120과 130 중 어느 수에 더 가깝습니까? 130

③ 126을 반올림하여 십의 자리까지 나타내면 얼마입니까? 130

2 수를 반올림하여 빈칸에 써넣으시오.

수	십의 자리까지	일의 자리까지	소수 첫째 자리까지
635.76	640	636	635.8
54.385	50	54	54.4

3 반올림하여 십의 자리까지 나타낼 때 170이 되는 수에 모두 ○표 하시오.

179   161   (165)   260   (174)

761 가장 큰 어떤 수 (1)

● 올림, 버림, 반올림하여 십의 자리까지 나타낼 때 ■ 안의 수가 되는 수에 모두 ○표 하시오.

40

올림
30 ③① ③② ③③ ③④ ③⑤ ③⑥ ③⑦ ③⑧ ③⑨ ④⓪ 50 51
41 42 43 44 45 46 47 48 49 50 51

반올림
30 31 32 33 34 ③⑤ ③⑥ ③⑦ ③⑧ ③⑨ ④⓪ 50 51
④① ④② ④③ ④④ 45 46 47 48 49 50 51

버림
30 31 32 33 34 35 36 37 38 39 ④⓪ 50 51
④① ④② ④③ ④④ ④⑤ ④⑥ ④⑦ ④⑧ ④⑨ 50 51

60

올림
50 ⑤① ⑤② ⑤③ ⑤④ ⑤⑤ ⑤⑥ ⑤⑦ ⑤⑧ ⑤⑨ ⑥⓪ 70 71
61 62 63 64 65 66 67 68 69 70 71

반올림
50 51 52 53 54 ⑤⑤ ⑤⑥ ⑤⑦ ⑤⑧ ⑤⑨ ⑥⓪ 70 71
⑥① ⑥② ⑥③ ⑥④ 65 66 67 68 69 70 71

버림
50 51 52 53 54 55 56 57 58 59 ⑥⓪ 70 71
⑥① ⑥② ⑥③ ⑥④ ⑥⑤ ⑥⑥ ⑥⑦ ⑥⑧ 69 70 71

● 올림, 버림, 반올림하여 십의 자리까지 나타낼 때 ■ 안의 수가 되는 자연수 중 가장 큰 수와 가장 작은 수를 쓰시오.

◆
50	가장 작은 수	가장 큰 수
올림	41	50
반올림	45	54
버림	50	59

50은 올림하면 50, 버림해도 50입니다.

①
70	가장 작은 수	가장 큰 수
올림	61	70
반올림	65	74
버림	70	79

②
120	가장 작은 수	가장 큰 수
올림	111	120
반올림	115	124
버림	120	129

③
250	가장 작은 수	가장 큰 수
올림	241	250
반올림	245	254
버림	250	259

④
90	가장 작은 수	가장 큰 수
올림	81	90
반올림	85	94
버림	90	99

⑤
720	가장 작은 수	가장 큰 수
올림	711	720
반올림	715	724
버림	720	729

⑦ 주차

762 어떤 수의 범위 (1)

● 올림, 버림, 반올림하여 십의 자리까지 나타낼 때 ■안의 수가 되는 수의 범위를 수직선에 나타내시오.

220

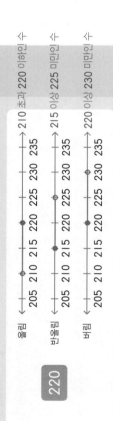

올림 → 210 초과 220 이하인 수
반올림 → 215 이상 225 미만인 수
버림 → 220 이상 230 미만인 수

(205 210 215 220 225 230 235)

❶ **80**

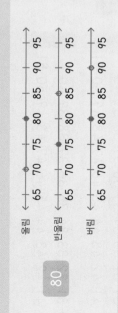

올림 / 반올림 / 버림 (65 70 75 80 85 90 95)

❷ **270**

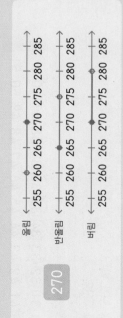

올림 / 반올림 / 버림 (255 260 265 270 275 280 285)

월 일

● 올림, 버림, 반올림하여 십의 자리까지 나타낼 때 ■안의 수가 되는 수의 범위를 나타내시오. 단, 수는 몇십 또는 몇십오 단위로 나타냅니다.

310 초과 320 이하	인 수를 올림하면
315 이상 325 미만	인 수를 반올림하면	→ **320** 이 됩니다.
320 이상 330 미만	인 수를 버림하면

❶
50 초과 60 이하	인 수를 올림하면
55 이상 65 미만	인 수를 반올림하면	→ **60** 이 됩니다.
60 이상 70 미만	인 수를 버림하면

❷
910 초과 920 이하	인 수를 올림하면
915 이상 925 미만	인 수를 반올림하면	→ **920** 이 됩니다.
920 이상 930 미만	인 수를 버림하면

❸
540 초과 550 이하	인 수를 올림하면
545 이상 555 미만	인 수를 반올림하면	→ **550** 이 됩니다.
550 이상 560 미만	인 수를 버림하면

763 가장 큰 어떤 수 (2)

● 올림, 버림, 반올림하여 백의 자리까지 나타낼 때 ● 안의 수가 되는 수에 모두 ○표 하시오.

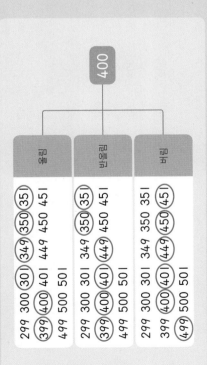

❖ 올림, 버림, 반올림하여 백의 자리까지 나타낼 때 ■ 안의 수가 되는 자연수 중 가장 큰 수와 가장 작은 수를 쓰시오.

①
200	가장 작은 수	가장 큰 수
올림	101	200
반올림	150	249
버림	200	299

500	가장 작은 수	가장 큰 수
올림	401	500
반올림	450	549
버림	500	599

③
4200	가장 작은 수	가장 큰 수
올림	4101	4200
반올림	4150	4249
버림	4200	4299

②
1300	가장 작은 수	가장 큰 수
올림	1201	1300
반올림	1250	1349
버림	1300	1399

⑤
900	가장 작은 수	가장 큰 수
올림	801	900
반올림	850	949
버림	900	999

④
700	가장 작은 수	가장 큰 수
올림	601	700
반올림	650	749
버림	700	799

764 어떤 수의 범위 (2)

● 올림, 버림, 반올림하여 백의 자리까지 나타낼 때 ■ 안의 수가 되는 수의 범위를 수직선에 나타내시오.

300

올림 → 200 초과 300 이하인 수
200 250 300 350 400

반올림 → 250 이상 350 미만인 수
200 250 300 350 400

버림 → 300 이상 400 미만인 수
200 250 300 350 400

❶ 700

올림
600 650 700 750 800

반올림
600 650 700 750 800

버림
600 650 700 750 800

❷ 800

올림
700 750 800 850 900

반올림
700 750 800 850 900

버림
700 750 800 850 900

월 일

● 올림, 버림, 반올림하여 백의 자리까지 나타낼 때 ■ 안의 수가 되는 수의 범위를 나타낸 것입니다. 빈칸에 알맞은 말을 써넣으시오.

400 초과 500 이하 인 수를 올림하면
450 이상 550 미만 인 수를 반올림하면 → **500** 이 됩니다.
500 이상 600 미만 인 수를 버림하면

❶
1200 초과 1300 이하 인 수를 올림하면
1250 이상 1350 미만 인 수를 반올림하면 → **1300** 이 됩니다.
1300 이상 1400 미만 인 수를 버림하면

❷
800 초과 900 이하 인 수를 올림하면
850 이상 950 미만 인 수를 반올림하면 → **900** 이 됩니다.
900 이상 1000 미만 인 수를 버림하면

❸
2600 초과 2700 이하 인 수를 올림하면
2650 이상 2750 미만 인 수를 반올림하면 → **2700** 이 됩니다.
2700 이상 2800 미만 인 수를 버림하면

잘 공부했는지 알아봅시다

월   일

1 반올림하여 700이 되는 수를 수직선에 나타내고, 수의 범위를 쓰시오.

❶ 일의 자리에서 반올림할 때

690 695 700 705 710

695 이상 705 미만인 수

❷ 십의 자리에서 반올림할 때

640 650 660 670 680 690 700 710 720 730 740 750 760

650 이상 750 미만인 수

2 십의 자리 미만을 버림하여 220이 되는 자연수 중 가장 큰 수와 가장 작은 수의 차를 구하는 식과 답을 쓰시오.

식 : $229 - 220 = 9$ 답 : 9

가장 큰 수 : 229
가장 작은 수 : 220

3 올림하여 백의 자리까지 나타낼 때 1300이 되는 가장 큰 수와 가장 작은 수의 합을 구하는 식과 답을 쓰시오.

식 : $1300 + 1201 = 2501$ 답 : 2501

가장 큰 수 : 1300
가장 작은 수 : 1201

⑧ 주차

765 어림 방법

● 어림 수를 어림하였더니 □ 안의 수가 되었습니다. 빈칸에 알맞은 말을 써넣으시오.

① 751 올림 하여 [백] 의 자리까지 → 800 / 반올림 하여 [백] 의 자리까지

② 3456 버림 하여 [백] 의 자리까지 → 3400

③ 7234 올림 하여 [십] 의 자리까지 → 7240

④ 3876 올림 하여 [십] 의 자리까지 → 3880 / 반올림 하여 [십] 의 자리까지

⑤ 365 올림 하여 [백] 의 자리까지 → 400 / 반올림 하여 [백] 의 자리까지

● 어림 수를 어림하여 □ 안의 수가 되었습니다. 어림한 방법을 쓰시오. 어림한 방법이 두 가지가 나올 경우 두 가지 모두 씁니다.

⊕ 7144 어림→ 7140 버림하여 십의 자리까지, 반올림하여 십의 자리까지

① 385 어림→ 390 올림하여 십의 자리까지, 반올림하여 십의 자리까지

② 720 어림→ 700 버림하여 백의 자리까지, 반올림하여 백의 자리까지

③ 1325 어림→ 1400 올림하여 백의 자리까지

④ 874 어림→ 870 버림하여 십의 자리까지, 반올림하여 십의 자리까지

⑤ 9358 어림→ 9360 올림하여 십의 자리까지, 반올림하여 십의 자리까지

⑥ 1815 어림→ 1900 올림하여 백의 자리까지

⑦ 565 어림→ 500 버림하여 백의 자리까지

766 숫자 카드 어떤 수

● 숫자 카드를 한 번씩 사용하여 문제에 맞는 세 자리 수를 모두 만드시오.

카드: 2 4 6 8

일의 자리에서 반올림하면 250이 됩니다.
246 · 248
245 이상 255 미만인 수

① 카드: 7 4 5 6
반올림하여 십의 자리까지 나타내면 760 입니다.
756 · 764
755 이상 765 미만인 수

② 카드: 8 3 5 4
올림하여 십의 자리까지 나타내면 350이 됩니다.
345 · 348

③ 카드: 2 9 3 7
버림하여 십의 자리까지 나타내면 930입니다.
932 · 937

④ 카드: 3 4 5 7
일의 자리에서 반올림하면 740입니다.
735 · 743

● 숫자 카드를 한 번씩 사용하여 문제에 맞는 세 자리 수를 모두 만드시오.

카드: 7 4 1 5

십의 자리에서 반올림하면 500이 됩니다.
451 457 514 517 541 547
450 이상 550 미만인 수

① 카드: 9 8 7 5
올림하여 백의 자리까지 나타내면 800이 됩니다.
758 759 785 789 795 798
700 초과 800 이하인 수

② 카드: 6 8 4 3
백의 자리 미만에서 올림하여 나타내면 400이 됩니다.
346 348 364 368 384 386
300 초과 400 이하인 수

③ 카드: 6 4 2 7
반올림하여 백의 자리까지 나타내면 700이 됩니다.
672 674 724 726 742 746
650 이상 750 미만인 수

④ 카드: 9 3 2 8
올림하여 백의 자리까지 나타내면 300이 됩니다.
238 239 283 289 293 298
200 초과 300 미만인 수

⑧ 주차

767 어떤 수

● 어떤 수가 될 수 있는 자연수 중 가장 작은 수와 가장 큰 수를 쓰시오.

어떤 수를 일의 자리에서 반올림하였더니 750이 되었습니다.

가장 작은 수: 745   가장 큰 수: 754

● 어떤 수를 백의 자리 미만에서 버림하였더니 1500이 되었습니다.

가장 작은 수: 1500   가장 큰 수: 1599

② 어떤 수를 올림하여 십의 자리까지 나타내었더니 1750이 되었습니다.

가장 작은 수: 1741   가장 큰 수: 1750

③ 어떤 수를 십의 자리에서 반올림하였더니 1500이 되었습니다.

가장 작은 수: 1450   가장 큰 수: 1549

④ 어떤 수를 십의 자리 미만에서 버림하였더니 930이 되었습니다.

가장 작은 수: 930   가장 큰 수: 939

⑤ 어떤 수를 올림하여 백의 자리까지 나타내었더니 4700이 되었습니다.

가장 작은 수: 4601   가장 큰 수: 4700

● 어떤 수가 될 수 있는 자연수 중 가장 작은 수와 가장 큰 수를 쓰시오.

어떤 수를 일의 자리에서 반올림하였더니 350이 되었고, 십의 자리에서 반올림하였더니 300이 되었습니다.

[345 이상 355 미만인 수
  250 이상 350 미만인 수
→ 345 이상 350 미만인 수

가장 작은 수: 345   가장 큰 수: 349

① 어떤 수를 올림하여 십의 자리까지 나타내었더니 430이 되었고, 반올림하여 십의 자리까지 나타내었더니 420이 되었습니다.

[420 초과 430 이하인 수
  415 이상 425 미만인 수
→ 420 초과 425 미만인 수

가장 작은 수: 421   가장 큰 수: 424

② 어떤 수를 버림하여 백의 자리까지 나타내었더니 400이 되었고, 반올림하여 백의 자리까지 나타내었더니 500이 되었습니다.

가장 작은 수: 450   가장 큰 수: 499

③ 어떤 수를 반올림하여 십의 자리까지 나타내었더니 1250이 되었고, 반올림하여 백의 자리까지 나타내었더니 1300이 되었습니다.

가장 작은 수: 1250   가장 큰 수: 1254

④ 어떤 수를 올림하여 백의 자리까지 나타내었더니 1500이 되었고, 반올림하여 백의 자리까지 나타내었더니 역시 1500이 되었습니다.

가장 작은 수: 1450   가장 큰 수: 1500

8 주차

768 올림과 버림의 활용

◈ 올림을 이용하여 빈칸에 알맞은 수를 쓰시오.

상점에서 3150원짜리 물건을 샀습니다. 1000원짜리로 **4000** 원을 내면 물건을 살 수 있습니다.

❶ 4학년 학생 450명이 40인승 버스를 타고 현장 학습을 갈 때 필요한 버스는 모두 **12** 대입니다.

❷ 72명이 한 줄에 강연회에 참석하였습니다. 긴 의자 한 개에 5명이 앉을 수 있다고 할 때 필요한 긴 의자는 **15** 개입니다.

◈ 버림을 이용하여 빈칸에 알맞은 수를 세넣으시오.

❸ 동전을 모은 저금통을 열어서 세어 보니 모두 8750원입니다. 이것을 1000원짜리 지폐로 바꾸면 **8000** 원까지 바꿀 수 있습니다.

❹ 연필을 12자루씩 담아 선물 세트를 만들려고 합니다. 연필이 125자루 있다면 만들 수 있는 선물 세트는 **10** 개입니다.

❺ 하나의 종이 상자를 만드는 데 색종이가 5장 사용됩니다. 색종이가 72장 있다면 만들 수 있는 종이 상자는 **14** 개입니다.

◈ 올림 또는 버림에 ○표 하고 답을 쓰시오.

물건을 포장하는 데 포장지 257장이 필요한데 포장지는 10장 단위로만 판다고 합니다. 물건을 모두 포장하려면 포장지를 얼마나 사야 합니까?

(올림 . 버림) **260** 장

❶ 리본 1개를 만드는 데 10cm의 끈이 필요합니다. 끈 5m 15cm로 몇 개의 리본을 만들 수 있습니까?

5m 15cm는 515cm이므로
$515 \div 10 = 51 \cdots 5$
51개의 리본을 만들고 5cm의 끈이 남습니다.

(올림 . 버림) **51** 개

❷ 화물차 한 대에 상자 20개를 실을 수 있습니다. 상자 127개를 실어 나르려면 화물차가 몇 대 필요합니까?

화물차 6대에 상자 $20 \times 6 = 120$(개)를 실어 나를 수 있고, 나머지 7개를 나르기 위해서 화물차 1대가 더 필요합니다.

(올림 . 버림) **7** 대

❸ 공장에서 한 상자에 인형을 24개씩 넣어서 포장하려고 합니다. 인형 1205개를 포장하려면 상자가 몇 개 필요합니까?

(올림 . 버림) **50** 개

8 주차

잘 공부했는지 알아봅시다

월 일

1 2725를 어림하였더니 2700이 되었습니다. 어림한 두 가지 방법을 모두 쓰시오.

① 버림하여 백의 자리까지 ② 반올림하여 백의 자리까지

2 십의 자리에서 반올림하여 3700이 되는 수 중 가장 큰 수와 가장 작은 수를 구하시오. 가장 큰 수 : **3749**, 가장 작은 수 : **3650**

십의 자리에서 반올림한 값은 반올림하여 백의 자리까지 나타낸 값과 같습니다.

3 어떤 수를 올림하여 십의 자리까지 나타내었더니 730이 되었습니다. 어떤 수는 모두 몇 개입니까? **10개** 721 722 723 724 725 726 727 728 729 730

4 영철이네 학교 학생 625명이 농구 시합을 보기 위해 경기장을 찾았습니다. 긴 의자 한 개에 10명이 앉을 수 있다고 할 때 필요한 긴 의자의 개수를 구하시오.

① 올림, 버림, 반올림 중에서 어느 방법으로 구해야 합니까? 올림

② 필요한 긴 의자의 개수는 몇 개입니까? **63개**

긴 의자가 62개 있으면 620명까지 앉을 수 있습니다. 나머지 5명은 긴 의자 하나에 앉을 수 있으므로 필요한 긴 의자는 62+1=63(개)입니다.

86

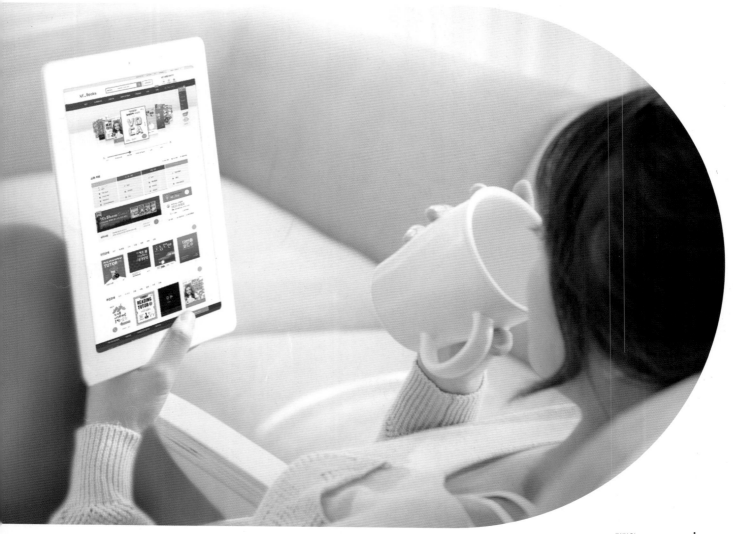